CW00369412

CLASSEMENT DES RANDONNÉES

Très facile	Facile	Moyen	Difficile

Avertissement : les renseignements fournis dans ce topo-guide sont exacts au moment de l'édition. Toutefois, certaines transformations du paysage engendrées par l'urbanisation, la création de nouvelles routes ou lignes ferroviaires, l'exploitation forestière ou agricole, etc., peuvent modifier le tracé des itinéraires. Le balisage sur le terrain devient alors l'élément prioritaire du repérage, avant la carte et le descriptif. N'hésitez pas à nous signaler les changements. Les modifications seront intégrées lors de la réédition.

2e édition : juin 2005
© Fédération Française de la Randonnée Pédestre / ISBN 2-7514-0061-2
© IGN 2000 (fonds de cartes)
Dépôt légal : juin 2005

Les départements de France *à pied*®

L'Aude, Pays Cathare
à pied®

44 promenades et randonnées

Aude Pays Cathare

Quelle histoire !

Conseil Général de l'Aude

www.ffrandonnee.fr

association reconnue d'utilité publique
14, rue Riquet
75019 PARIS

Quéribus. *Photo CDT 11*

Choisir sa randonnée

Les randonnées sont classées par ordre de difficultés.

Elles sont différenciées par des couleurs dans la fiche pratique de chaque circuit.

très facile   Moins de 2 heures de marche.
Idéale à faire en famille, sur des chemins bien tracés.

facile   Moins de 3 heures de marche.
Peut être faite en famille. Sur des chemins, avec quelquefois des passages moins faciles.

moyen   Moins de 4 heures de marche.
Pour randonneur habitué à la marche. Avec quelquefois des endroits assez sportifs ou des dénivelées.

difficile   Plus de 4 heures de marche.
Pour randonneur expérimenté et sportif. L'itinéraire est long ou difficile (dénivelée, passages délicats), ou les deux à la fois.

Durée de la randonnée

La durée de chaque circuit est donnée à titre indicatif. Elle tient compte de la longueur de la randonnée, des dénivelées et des éventuelles difficultés.
Pas de complexe à avoir pour ceux qui marchent à «deux à l'heure» avec le dernier bambin, en photographiant les fleurs.

Quand randonner ?

■ **Automne-hiver** : les forêts sont somptueuses en automne, les champignons sont au rendez-vous (leur cueillette est réglementée), et déjà les grandes vagues d'oiseaux migrateurs animent les eaux glacées.

■ **Printemps-été** : suivant les altitudes et les régions, les mille coloris des fleurs animent les parcs et les jardins, les bords des chemins et les champs.

■ Les journées longues de l'été permettent les grandes randonnées, mais attention au coup de chaleur. Il faut boire beaucoup d'eau.

■ En période de chasse, certaines randonnées sont déconseillées, voire interdites. Se renseigner en mairie.

Avant de partir, il est recommandé de s'informer sur le temps prévu pour la journée,
en téléphonant à Météo France : 32 50
Internet : www.meteo.fr

Pour se rendre sur place

En voiture

Tous les points de départ sont facilement accessibles par la route.
Un parking est situé à proximité du départ de chaque randonnée.
Ne laissez pas d'objet apparent dans votre véhicule.

Par les transports en commun

■ Pour les dessertes SNCF, les horaires sont à consulter dans les gares ou par tél. au 36 35 ou sur Minitel au 3615 *SNCF.*

■ Pour se déplacer en car, se renseigner auprès des Offices de tourisme et Syndicats d'initiative (voir la rubrique « Où s'adresser ? » page 15).

 ## Où manger et dormir dans la région ?

Un pique-nique sur place ?

Chez l'épicier du village, le boulanger ou le boucher, mille et une occasions de découvrir les produits locaux.

Pour découvrir un village ?

Des terrasses sympathiques où souffler et prendre un verre.

Une petite faim ?

Les restaurants proposent souvent des menus du terroir. Les tables d'hôtes et les fermes-auberges racontent dans votre assiette les spécialités du coin.

Une envie de rester plus longtemps ?

De nombreuses possibilités d'hébergement existent dans la région.

La marque Pays Cathare®

Afin de préserver et faire découvrir la qualité de vie et les traditions de l'Aude, le Conseil Général de l'Aude a créé la marque Pays Cathare®.

LE PAYS CATHARE®

Cette marque soutient les professionnels qui privilégient la qualité et l'authenticité du « Pays Cathare », tant dans leurs productions que dans leur accueil ou leurs prestations.

L'emblème Pays Cathare signale ces professionnels et leurs produits, faites leur confiance, vous y découvrirez la tradition et l'hospitalité.

Boire, manger et dormir dans la région ?	ALIMENTATION	RESTAURANT	CAFÉ	HEBERGEMENT
Belvèze-du-Razès	X	X	X	
Bize-Minervois	X	X	X	X
Bugarach		X		X
Camurac	X	X	X	X
Carcassonne	X	X	X	X
Castelnaudary	X	X	X	X
Caunes-Minervois	X	X	X	X
Conques-sur-Orbiel	X	X	X	X
Couiza	X	X	X	X
Cucugnan		X	X	X
Esperaza	X	X	X	X
Fontjoncouse		X		X
Greffeil		X		X
Gruissan	X	X	X	X
Lagrasse	X	X	X	X
Leucate	X	X	X	X
Mas-Sainte-Puelles	X		X	X
Molleville				X
Montferrand				X
Montjoi				X
Montréal	X	X	X	X
Moussan	X	X		X
Moussoulens	X	X	X	X
Narbonne	X	X	X	X
Nébias		X	X	X
Peyriac-de-Mer	X	X	X	X
Port-la-Nouvelle	X	X	X	X
Pradelles-Cabardes		X	X	X
Puilaurens	X	X		X
Puivert	X	X	X	X
Quillan	X	X	X	X
Roquefère		X		X
Roquefort-des-Corbières	X	X	X	X
Saint-Martin-le-Veil		X		X
Talairan		X	X	X
Termes				X
Tourouzelle	X			X
Villar-en-Val				X
Villasavary	X		X	X
Villeneuve-la-Comptal	X	X	X	X

La randonnée est reportée en rouge sur la carte IGN

Rivière

Village

La forêt (en vert)

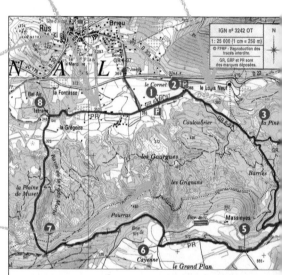

La fabrication de l'ocre

Le minerai brut d'extraction doit être lavé pour séparer l'ocre marchande des sables inertes. L'eau délaie la matière brute qui décante pendant le trajet pour ne laisser subsister que de l'ocre pur que le courant emporte dans les bassins. Après plusieurs jours de repos dans les bassins, l'eau de surface ne contient plus d'ocre. La couche d'ocre déposée au fond peut atteindre 70 à 80 cm d'épaisseur. Encore à l'état pâteux, la surface de l'ocre est griffée à l'aide d'un carrelet. Elle est ensuite découpée à la bêche et entassée en murs réguliers où les briquettes d'ocre achèvent de sécher. Le matériau part ensuite pour l'usine où s'achèvera son cycle de préparation : broyage, blutage et cuisson.

Colorado provençal. *Photo D. G.*

52

Pour en savoir plus

*Nom et Numéro
de la randonnée*

Pour se rendre sur place

Temps de marche
← à pied
3 h
9 Km ← Longueur

↑

Classement de la randonnée :

Très facile   Moyen
Facile   Difficile

572m △ Point le plus haut
345m ◿ Point le plus bas

 Parking

 Balisage des sentiers
(voir page 13)

 Attention

 Prévoir des jumelles

 **Prévoir une lampe de
poche**

 Emporter de l'eau

 **Sites et curiosités à
ne pas manquer en
chemin**

 **Autres découvertes à
faire dans la région**

Le Sentier des Ocres

 Fiche pratique 17

Cet itinéraire présente le double avantage d'une découverte à la fois panoramique et intime des ocres.

 3 h
9 km

Situation : Rustrel sur la D 22 à 13 km au Nord-Est d'Apt

P Parking
communal de Rustrel

Balisage
❶ à ❸ blanc-rouge
❸ à ❶ jaune

⚠️ **Difficulté
particulière**

■ passages raides dans la descente sur Istrane

Ne pas oublier

❶ Du parking, emprunter la route vers l'Est.

❷ Dans le prochain virage à gauche, prendre à droite l'ancien chemin de Rustrel à Viens qui descend vers la Doa. Franchir le torrent. Passer à côté d'un cabanon en ruine. Un peu plus haut, le chemin surplombe un cirque de sables ocreux.

❸ Laisser le GR° 6 à gauche. Plus haut le chemin surplombe le ravin de Barries et le moulin du même nom. En haut du vallon de Barries, prendre à gauche une route.

❹ Au carrefour suivant, tourner à droite.

❺ Après une petite ferme entourée de cèdres et de cyprès, prendre à droite le chemin qui parcourt le rebord du plateau.

❻ Après une courte descente, prendre à droite. Suivre le haut du ravin des Gourgues. Ne pas prendre le prochain sentier sur la gauche. A la bifurcation suivante, prendre à gauche le sentier à peu près horizontal qui s'oriente vers l'Ouest. Un peu plus loin, longer une très longue bande de terre cultivée. Se diriger vers la colline de la Croix de Cristol.

❼ Au pied de celle-ci, prendre à droite le sentier qui descend vers Istrane. *Il s'agit de l'ancien chemin de Caseneuve à Rustrel. Une éclaircie ouvre des points de vue sur les pentes ravinées de Couvin, sur la chapelle de Notre-Dame-des-Anges et sur Saint-Saturnin-lès-Apt. Au fur et à mesure de la descente, la végétation change de physionomie pour laisser place à des espèces qui affectionnent les terrains sableux. Franchir la Doa et remonter la route jusqu'à Istrane.*

❽ Au croisement, prendre à droite l'ancien chemin de la poste. Passer à proximité d'une ancienne usine de conditionnement de l'ocre, puis à côté de Bouvène. Avant de regagner le point de départ, on peut remarquer le site des Cheminées de Fées (*colonnes de sables ocreux protégées par des blocs de grès*).

À voir

 En chemin

■ Gisements de sables ocreux
■ Chapelle Notre-Dame-des-Anges

 Dans la région

■ Roussillon : sentier des aiguilles et usine Mathieu, consacrés à l'exploitation de l'ocre.

53

Description précise de la randonnée

Des astuces pour une bonne rando

■ Prenez un petit sac pour y mettre la gourde d'eau, le pique-nique et quelques aliments énergétiques pour le goûter.

Le temps peut changer très vite lors d'une courte randonnée. Un coupe-vent léger ou un vêtement chaud et imperméable sont conseillés suivant les régions.

En été, pensez aux lunettes de soleil, à la crème solaire et au chapeau.

■ La chaussure est l'outil premier du randonneur. Elle doit tenir la cheville. Choisissez la légère pour les petites randonnées. Si la rando est plus longue, prévoyez de bonnes chaussettes.

■ Mettez dans votre sac à dos l'un de ces nouveaux petits guides sur la nature pour animer la randonnée. Ils sont légers et peu coûteux. Pour reconnaître facilement les orchidées sauvages et les différentes fougères. Cela évite de marcher n'importe où et d'écraser des espèces rares ou protégées.

■ Pour garder les souvenirs de la randonnée, des fleurs et des papillons, rien de tel qu'un appareil photo.

■ Les barrières et les clôtures servent à protéger les troupeaux ou les cultures. Une barrière ouverte sera refermée.

■ Les chiens sont tenus en laisse. Ils sont interdits dans les parcs nationaux et certaines zones protégées.

SUIVEZ
LE BALISAGE
POUR RESTER
SUR LE BON
CHEMIN.

LE BALISAGE DES SENTIERS **PR**® | **GR**® | **GRP**®

	PR®	GR®	GRP®
Bonne direction			
Tourner à gauche			
Tourner à droite			
Mauvaise direction	X	X	X

© Fédération Française de la Randonnée Pédestre - Reproduction interdite

PR LE CHATEAU 2h

Topo-guide des sentiers de Grande randonnée, sentiers de Grande randonnée GR, GR Pays, PR, «... à pied», « les environs de .... à pied » sont des marques déposées ainsi que les marques de couleur blanc/rouge et jaune/rouge.
Nul ne peut les utiliser sans autorisation de la Fédération Française de la Randonnée Pédesre.

La randonnée : une passion **Fédé**ration

Des sorties-randos accompagnées, pour tous les niveaux, sur une journée ou un week-end : plus de 2850 associations sont ouvertes à tous, dans toute la France.

Un grand mouvement pour promouvoir et entretenir les 180 000 km de sentiers balisés. Vous pouvez vous aussi vous impliquer dans votre département.

FFRandonnée
www.ffrandonnee.fr

Des stages de formations d'animateurs de randonnées, de responsables d'association ou encore de baliseurs, organisés toute l'année.

Une garantie de sécurité pour randonner bien assuré, en toute sérénité, individuellement ou en groupe, grâce à la licence ou à la RandoCarte.

Pour connaître l'adresse du Comité de votre département, pour tout savoir sur l'actualité de la randonnée et découvrir la collection des topo-guides :

www.ffrandonnee.fr

Centre d'Information de la Fédération Française de la Randonnée
14, rue Riquet 75019 Paris - Tél : 01 44 89 93 93
Ouvert du lundi au samedi de 10h à 18h.

Où s'adresser ?

■ Comité Départemental du Tourisme de l'Aude (CDT)

Le CDT publie des brochures d'information touristique sur les hébergements, les sites de visite, la gastronomie et les vins du département de l'Aude
• **CDT de l'Aude,** Chemin du Moulin de la Seigne, Conseil Général, 11855 Carcassonne cedex 9, tél. 04 68 11 66 00, fax 04 68 11 66 01, e-mail : documentation@audetourisme.com, site Internet : http://www.audetourisme.com

■ Offices de Tourisme et Syndicats d'Initiative

L'Union Départementale des Offices de Tourisme et Syndicats d'Initiative communique la liste des OTSI du département. Elle tient à jour la liste des manifestations culturelles et sportives tout au long de l'année.
• **UDOTSI,** 14, boulevard Jean-Jaurès, 11000 Carcassonne, tél. 04 68 11 19 40, fax 04 68 11 19 45, e-mail : udotsiaude@club-internet.fr

■ Divers

Maîtres d'ouvrage ou maîtres d'œuvre des sentiers sélectionnés dans ce topo-guide, les organismes suivant tiennent à votre disposition les descriptifs détaillés de l'ensemble des itinéraires de leur territoire.
• Communauté de communes des Coteaux du Razès, 2, chemin des Moulins, 11240 Routier, tél. 04 68 69 55 32
• Communauté de communes Cabardès - Canal du Midi, 56, avenue Antoine-Courrière, 11170 Alzonne, tél. 04 68 76 74 90
• Communauté de communes du canton d'Axat, Route Nationale, 11140 Axat, tél. 04 68 20 58 38, fax 04 68 20 53 45
• Office de Tourisme du Pays de Sault, Avenue d'Ax-les-Termes, 11340 Belcaire, tél. 04 68 20 75 89, fax 04 68 20 79 13
• Communauté de communes Piège et Lauragais, 2, rue Joliot-Curie, 11150 Bram, tél. 04 68 76 69 40, fax 04 68 76 69 41
• Association de Développement et d'Animation En Lauragais (ADATEL), 19, cours de la République, 11400 Castelnaudary, tél. 04 68 23 46 56, fax 04 68 94 13 38
• Office de Tourisme de Caunes Minervois, 1, ruelle du Monestier, 11160 Caunes-Minervois, tél./fax 04 68 78 09 44
• Communauté de communes du Chalabrais, Cours Sully, 11230 Chalabre, tél. 04 68 69 20 39 ou 04 68 69 21 94, fax 04 68 69 99 50
• Communauté de communes Minervois – Cabardès, 18, rue Jean-Genet, 11600 Conques-sur-Orbiel, tél. 04 68 72 02 99 ou 04 68 72 37 61
• Communauté de communes du Pays de Couiza, 18 bis, route des Pyrénées, 11190 Couiza, tél. 04 68 74 02 51, fax 04 68 74 11 81
• Office du Tourisme de Gruissan, 1, boulevard Pech-Maynaud, 11480 Gruissan, tél. 04 68 49 09 00, fax 04 68 49 33 12
• Pays d'Accueil du Lézignanais et du Canal du Midi, 24, boulevard Marx-Dormoy, 11200 Lezignan-Corbieres, tél. 04 68 27 57 57, fax 04 68 27 62 47
• Association de Développement et d'Aménagement du Limouxin, 2, place Alcantra, BP 13, 11300 Limoux, tél. 04 68 31 65 03, fax 04 68 31 60 31
• Communauté de communes de la Malepère, Rue de la Mairie, 11290 Montréal, tél. 04 68 76 22 02, fax 04 68 76 35 06
• Communauté de communes du Massif de Mouthoumet, Rue de la Gare, 11330 Mouthoumet, tél. 04 68 70 05 51
• Office du Tourisme de Port-la-Nouvelle, Place Paul-Valery, BP 20, 11210 Port-la-Nouvelle, tél. 04 68 48 00 51, fax 04 68 40 33 66
• Communauté de communes Aude en Pyrénées, Square André-Tricoire, 11500 Quillan, tél. 04 68 20 07 78, fax 04 68 20 04 91
• Communauté de communes du Haut-Cabardès, 11380 Roquefere, tél. 04 68 26 31 24
• Communauté de communes Hers et Ganguise, 16, Grande-Rue, 11410 Salles-sur-L'Hers, tél. 04 68 60 38 33
• Communauté de communes Corbières Méditerranée, 41, avenue de Narbonne, 11430 Sigean, tél. 04 68 48 23 48, fax 04 68 48 65 94
• Association ASPEC, 11220 Villar-en-Val
• Parc naturel régional de la Narbonnaise, Domaine de Montplaisir, 11100 Narbonne, tél. 04 68 42 23 70, site internet : www.parc-naturel-narbonnaise.fr

■ Fédération Française de Randonnée Pédestre

• **Le Centre d'Information de la Fédération**
Pour tous renseignements sur la randonnée pédestre en France et sur les activités de la Fédération : 14, rue Riquet, 75019 Paris, M° Riquet, tél. 01 44 89 93 93, fax 01 40 35 85 67, e-mail : info@ffrandonnee.fr, site internet : www.ffrandonnee.fr.
• **Le Comité Départemental de la Randonnée Pédestre de l'Aude,** C/O Eliane Pech, 2, rue Louis-de-Martin, 11100 Narbonne, e-mail : ffrp@carcassonne.net, site : ffrp.carcassonne.net

Marchez, pédalez, pagayez, tout est là, naturellement là !

Randonnée, cyclotourisme, vtt, sport d'eau vive, escalade, voile, funboard, dans des paysages préservés, riches en vestiges de l'histoire, l'Aude, Pays Cathare vous offre ses espaces nature.

Du Massif Central aux contreforts des Pyrénées, du bleu de la Méditerranée au vert du Lauragais, offrez-vous des coktails d'activités pour un plein d'énergie !

Aude Pays Cathare
Quelle histoire !

COMITE DEPARTEMENTAL DU TOURISME DE L'AUDE

Conseil Général - 11855 Carcassonne cedex 9 - Tél. : 04 68 11 66 00 - Fax : 04 68 11 66 01
E-mail : documentation@audetourisme.com - Site internet : www.audetourisme.com

Découvrir l'Aude

La forêt d'En Malo. *Photo P.DA/CDT 11*

Il est, en Méditerranée occidentale, un pays appuyé à de très anciennes montagnes, ouvert à l'orient, échelonnant ses gradins de roches blanches et de terre ocre jusqu'à la mer latine. Un pays à la croisée de tous les chemins filés du nord au sud et du levant à l'occident, passage de bien des peuples en transhumance vers leur destin.

Aigle de Bonelli. *Dessin P.R.*

Il est, au cœur de ce pays, un cours d'eau surgi d'une jeune cordillère, un fleuve que les anciens nommaient Atax : l'Aude.

Aphyllanthe de Montpellier. *Dessin N.L.*

Aude ! L'Assemblée constituante trouva que ce nom sonnait bien, et le 4 mars 1790 elle en fit don à l'un des départements taillés dans la ci-devant province du Languedoc.

Dire le département de l'Aude ? Difficile. Comment décrire exactement la rose des sables, comment rendre compte de l'arc-en-ciel ? Ici, vois-tu, la Terre s'est essayée à tous les horizons. Elle s'est faite douce courbe de montagne érodée, dentelure acérée de sierra, tendre balancement de collines, long glissando de plaines coulant jusqu'à la mer. Elle s'est donné d'immenses rivages de sable roux, et le scintille-ment des étangs, et la blancheur des salines. Elle s'est marquée de gorges profondes taillées au soc de l'eau qui court, elle s'est offert des oasis perdues dans des déserts de pierre pâle.

Ici, la Terre s'est essayée à tous les paysages. Par le bleu sans cesse renouvelé du ciel et de la mer, par la vigne, l'olivier, le chêne vert et le figuier, par le thym, le romarin et la lavande, par la ruche et le miel, il existe une Aude d'orient, brune méditerranéenne. Par l'ondoiement des blés et des maïs, par l'éclatant tournesol, par les villages pétris d'argile rouge, par tout le Lauragais aux terres grasses, il est une Aude d'occident, prolifique et océane.

Buplèvre ligneux.
Dessin N.L.

Une économie diversifiée

Industrie et artisanat sont présents dans l'Aude. Toutefois, l'activité qui prédomine est la viticulture : avec ses 100 000 hectares de vignes produisant 6 millions d'hec-tolitres de vin de pays et d'appellations.

Le Lauragais, spécialisé dans les cultures céréalières (blé, tournesol), légumineuse et fruitière, s'est forgé une solide renommée grâce aux foires au gras de fin d'année, valorisant les élevages de volailles.

La Montagne Noire et le Pays de Sault développent l'élevage des bovins.

Port-la-Nouvelle est doté du seul port de pêche de l'Aude et de vente à la criée.

Caveau de vieillissement des vins de Corbières. *Photo P. DA/CDT 11*

Le palais des délices

L'Aude propose une véritable table pour les gourmets.

En entrée goûtez foie gras, charcuteries, huîtres et moules de la Méditerranée, poissons fumés, poursuivez avec le cassoulet de Castelnaudary, le fréginat de Limoux, ou la bourride d'anguilles, laissez vous tenter par les fromages de chèvre ou vache et pour finir sur un goût sucré : alléluias, nougats, cabardises et glaces. Tous ces mets seront accompagnés d'un large éventail de vins d'appellations.

Nombreuses de ces spécialités donnent lieu à des manifestations annuelles.

Cassoulets. *Photo P.DA./ CDT 11*

Il est une Aude-Pyrénées, Aude sur ciel de haut vertige, fief d'isard et de marmotte, toute d'eau vive, de lacs étincelants et de forêts sombres, d'estives tièdes et de villages aux toits bleus lovés au creux des soulanes.

Et là-bas, au nord, au-delà de la plaine, se dresse un témoin des premiers âges de la Terre : la Montagne Noire, avant-garde du Massif Central !

Ici, l'humanité s'est essayée à toutes les rencontres.

Nos ancêtres les Ibères nous arrivaient d'au delà les monts du pyrène, nos ancêtres les Celtes s'étaient mis en route depuis la steppe kirghise du Kazakhstan, nos ancêtres latins sortaient de la botte italienne, nos ancêtres les Goths venaient des rives de la Mer noire, nos ancêtres hispaniques étaient issus de toutes les Espagnes.

Tous, les bruns à l'huile d'olive et les blonds au beurre rance, tous ont mijoté dans le grand chaudron sudiste, et de cette soupe nous sommes nés. Nous sommes les lointains descendants

Le cerf est présent, notamment, sur le plateau de Sault. *Dessin P.R.*

Le village de Fanjeaux, dans le Lauragais. *Photo* *P.DA/CDT 11*

Le catharisme

C'est en Occitanie, au sein du monde chrétien occidental, que le catharisme devient, et de manière durable, une dissidence religieuse bien établie.

L'Eglise cathare connaît, durant le XIIe siècle une relative prospérité.

Les Cathares et leur message chrétien différent, fait de proximité et d'exemplarité, semblent participer aux desseins d'une société ouverte. L'Eglise catholique s'inquiète alors de la propagation de cette concurrence spirituelle et sociale qu'elle qualifie d'hérésie.

En 1209, le Pape Innocent III appelle toute l'Europe d'alors à la « croisade contre les Albigeois ». Il désigne principalement comme cible la grande noblesse occitane qui avait aussi bien accueilli troubadours que Cathares.

Cette longue guerre semée de sièges, de batailles rangées et de terribles bûchers collectifs, terminée en 1229, est suivie dès 1233 par la création de l'inquisition.

Les Cathares sont alors systématiquement poursuivis et condamnés, obligés de se convertir ou poussés à l'exil. En un siècle, l'Inquisition a complètement éradiqué l'Eglise cathare en Languedoc, devenu partie intégrante du royaume de France.

Les places fortes méridionales sont reconstruites par le nouveau pouvoir en place pour assurer la surveillance de la frontière aragonaise.

En 1659, le Traité des Pyrénées repousse cette frontière à son emplacement actuel entre la France et l'Espagne et provoque l'abandon et la ruine de ces forteresses. C'est néanmoins en souvenir de cette époque glorieuse de leur histoire que ces anciennes places fortes sont aujourd'hui encore appelées « châteaux du Pays cathare ».

Olivier. *Dessin N.L.*

Fêtes traditionnelles

Haut en couleurs, le Carnaval de Limoux puise ses origines dans la tradition du Moyen Age.

En respectant un rite et un rythme, les membres des bandes dansent carabène (longue tige de roseau) à la main, de café en café, précédant les goudils (personnes costumées).

Des fêtes des pêcheurs ont lieu à Gruissan : saint Pierre est vénéré pour que le poisson rime avec opulence.

Le Carnaval de Limoux. *Photo P.DA/CDT 11*

des vainqueurs et des vaincus, des maîtres et des esclaves, de tous les nomades devenus sédentaires qui ont labouré cette terre, qui ont élevé des temples aux dieux, bâti des oppida et des villes-forteresse, ensemencé la langue commune de leurs mots et donné quelquefois leur nom au sol qu'ils avaient possédé l'espace d'une vie.

Nous ne les avons pas oubliés, car ici en terre d'Aude le temps s'est pris au piège des pierres qu'ils ont taillées et notre mémoire court sur des pistes où demeurent gravées les traces de leurs pas.

La cathédrale Saint-Just de Narbonne.
Photo P.DA/CDT 11

Pour baliser nos souvenirs nous avons les abris sous roche des premiers bergers ; nous avons Pech-Maho la grecque, Narbonne la romaine, Carcassonne la Cité aux cinquante-deux tours et le Canal des deux mers. Nous avons les châteaux-forts des Corbières, du Kercorb, du Minervois, lambeaux de murailles chevillés sur roc dont le cœur minéral palpite encore à la parole cathare et au grand rêve des libertés sudistes.

Voyageur, « benvingut aquèl que nos ven mans dubèrtas »

Bienvenu soit celui qui vient à nous la main tendue, nous avons tant à partager… Nos lignes de ciel et de terre, notre mémoire jamais tarie. Avec le vin, le sel et le pain de l'amitié.

■ Claude MARTI

De la plaine littorale au massif pyrénéen, l'Aude présente une rare diversité tant du point de vue de la flore que de la faune.

Les lagunes littorales, régulièrement inondées, présentent une végétation caractéristique (haies de tamaris, roselières, nombreuses variétés de limoniums).
Les étangs et autres zones humides de l'intérieur présentent elles des roselières bordées par des haies d'arbres tels que le frêne, l'aulne, les saules ou les peupliers. Riches en insectes aquatiques, ces zones conviennent bien aux nombreuses espèces d'oiseaux d'eau et aux rapaces.

Pie grièche à poitrine rose.
Dessin P.R.

Majoritaire en milieu méditerranéen, la garrigue occupe une part importante du département. Dans les Corbières-Maritimes, le brachypode rameux, ou « herbe à mouton », et l'aphyllante de Montpellier forment des pelouses qui sont souvent riches en orchidées.
Les stades qui succèdent à la garrigue ouverte présentent un faciès très dense et impénétrable. De nombreuses espèces végétales peuvent y être observées : arbousier, bruyères arborescente et multiflore, cistes cotonneux et à feuille de sauge, lavande papillon, etc., poussent sur sol acide (schiste et grès), genêt scorpion, genévrier oxycèdre, ajonc de Provence, chênes kermès et vert poussent sur sol calcaire.

La forêt méditerranéenne est caractérisée par une strate arborée dominante avec un sous-bois développé et souvent dense. A partir du xxᵉ siècle, en raison de l'exode rural et de la déprise agricole, ces forêts se sont largement développées. On y trouve le chêne vert, le pin d'Alep ainsi que le chêne pubescent. Signalons également la présence du pin mésogéen dans les massifs de Fontfroide et de la Clape. C'est l'habitat de la fauvette mélanocéphale, du traquet oreillard, de la pie grièche à tête rousse, et de l'emblématique aigle de Bonelli.

Falaises et escarpements rocheux constituent des habitats particuliers qui accueillent des espèces à forte valeur patrimoniale. Ces zones rupestres sont particulièrement nombreuses en milieu méditerranéen à substrat calcaire. Parmi les espèces végétales caracté-

Centaurea corymbosa. *Dessin N.L.*

ristiques, citons, entre autres, le genévrier de Phénicie, l'alysson épineux, la pariétaire judaïque et la germandrée jaune. La centaurée en corymbe (appelée plus communément « centaurée de la Clape »), est une espèce endémique du massif de la Clape. On y rencontrera l'aigle de Bonelli et l'aigle royal, le grand duc d'Europe, le monticole bleu, le monticole de roche, et le vautour percnoptère.

En s'éloignant du littoral, le climat méditerranéen s'estompe et laisse progressivement la place à une influence plus « océanique ». Le chêne pubescent puis le chêne sessile remplacent le chêne vert. En montant en altitude, de nombreuses essences forestières apparaissent : hêtre, châtaignier, érable sycomore, pin sylvestre, etc.
A partir de 1 000 m d'altitude, dans les Pyrénées audoises et sur la Montagne Noire, le

Ciste cotonneux.
Dessin N.L.

hêtre et le sapin blanc sont les arbres les plus communs. Les sous-bois de montagne sont particulièrement riches en espèces : rhododendron, myrtille, framboise, etc. C'est le territoire du grand tétras, du merle à plastron, de la chouette de Tengmalm et de nombreux rapaces, mais aussi du cerf élaphe, du loir, du lérot, de la salamandre noire et jaune et du crapaud alyte.

Rares en milieu méditerranéen, les prairies sont surtout présentes dans la moitié ouest du département (Montagne Noire, Haute Vallée de l'Aude).

Comme les prairies, les pâturages sont devenus rares en dehors des secteurs de moyenne et de haute montagne. La présence de bétail est surtout localisée dans la Haute Vallée de l'Aude, la Montagne Noire et les Pyrénées audoises.
Ces milieux pâturés sont riches en insectes ; on y trouve également héron garde-bœuf, rollier d'Europe, guêpier d'Europe, pie grièche à poitrine rose et bien d'autres espèces dans la basse plaine de l'Aude.
Perdrix grise, busard cendré, pie grièche écorcheur et de nombreux rapaces sont présents dans l'est audois.

Traquet oreillard. *Dessin P.R.*

Salvezines En Malo. *Photo P. DA/CDT 11.*

N' oublions jamais que pour l'essentiel de son territoire, l'Aude est soumise à un climat méditerranéen et que les risques d'incendie sont importants durant la période estivale, en dépit de toutes les précautions.

Conseils pratiques :
- Ne pas allumer de feu,
- Respecter les conditions d'accès dans certains massifs en période de risque.

En cas de départ d'incendie :
- Appeler les sapeurs pompiers en composant le 18 ou le 112 d'un téléphone fixe ou portable,
- Indiquer, aussi précisément que possible, la localisation du feu, son importance et la direction dans laquelle il progresse,
- Si l'incendie ne concerne que quelques m^2 et que les flammes n'atteignent pas un mètre, essayer de l'éteindre avec de l'eau, de la terre ou du sable,
- Si vous êtes surpris par l'incendie :
- Cherchez un écran de protection (mur, rocher, butte de terre),
- Protégez vous le visage avec un linge humide.

Photo CG 11.

Pêche sportive dans les torrents pyrénéens et dans ceux de la Montagne Noire, pêche familiale dans les lacs et plans d'eau, pêche oisive sous les platanes du Canal du Midi, pêche au gros au large du littoral, toutes les pratiques trouvent ici un cadre adapté.

Suivant le classement des cours d'eau, on peut successivement trouver la truite Fario, la truite arc-en-ciel, l'ombre commun et l'ensemble des cyprinidés : carnassiers, sandres, black-bass, brochets, sans omettre la spécificité de notre département méditerranéen qui est le barbeau truité.

La Fédération pour la Pêche et la Protection du Milieu Aquatique gère le patrimoine piscicole départemental (plan de gestion, aménagements de cours d'eaux, créations de passes à poissons, mise en place annuelle de la régulation des oiseaux piscivore (cormorans), coordination pêche/sports d'eau vive, lutte permanente contre toutes les formes de pollutions) dans un constant souci de voire se développer la complémentarité pêche et tourisme (mise en place de deux parcours no kill à vocation touristique).

La diversité et la spécificité des biotopes induisent une grande variété de gibiers et de type de chasses.

Barbeau truité. *Dessin P.R.*

Gibiers d'eau sur les étangs et marais du littoral, prédominance du sanglier dans la zone de garrigue, lapins et perdrix rouges dans les zones viticoles, lièvre dans la plaine céréalière et dans les régions de polyculture, chevreuil en moyenne montagne, isard, coq de bruyère et perdrix grise dans les hauts massifs pyrénéens.

La chasse est une tradition ancrée dans la vie de nos terroirs.
Renseignez-vous dans les mairies pour connaître les dates et les zones de battues au grand gibier.

Photo P. DA/CDT 11.

Pêche et chasse, des traditions ancrées

Abbaye de Lagrasse. *Photo P. DA/CDT 11.*

ombrages du Canal du Midi. C'est le pays de cocagne et Castelnaudary. Le sentier traverse Fanjeaux, haut lieu du catharisme. De Mirepoix, bastide ariégeoise, il monte à Puivert, château troubadour, et pénètre dans la forêt du Pays de Sault par le chemin de Vauban, ou chemin des Canons, emprunté par les soldats de Louis XIV allant à Mont-Louis.

Le sentier GR® 77

Le GR® 77 fait découvrir au randonneur le Saut de Vesoles et la cité médiévale de Minerve, presqu'île rocheuse dans un décor magique et grandiose, le vignoble minervois et le Canal du Midi. Il permet de traverser de charmants villages méditerranéens et de monter vers le signal d'Alaric.

Le sentier GR® 36 (E4)

Sentier européen allant de la Suisse à Gibraltar, le sentier GR® 36 descend du belvédère du Pic de Nore et atteint les impressionnantes gorges de Galamus. C'est le GR® des Châteaux cathares : « citadelles du vertige », véritables nids d'aigles, Lastours, Villerouge-Termenès, Peyrepertuse, Quéribus. Antique route du sel ou voie romaine taillée dans le roc au Pas de Montserrat, Carcassonne et sa fabuleuse Cité, massif de l'Alaric, village médiéval de Lagrasse et traversée des sauvages et rocailleuses Corbières… le sentier offre une palette infinie de paysages, de panoramas grandioses, une nature sauvage et préservée.

Le sentier GR® 7

Il traverse l'Aude du nord au sud avec des paysages reposants et champêtres. Les « circulades » escaladent de douces collines. Le GR® 7 chemine du Castrum de Montferrand au Seuil de Naurouze sous les frais

Le sentier du Golfe antique

Les 75 km autour de l'étang Bages-Sigean peuvent être parcourus en 4 ou 5 étapes. Cet ancien golfe comblé par les alluvions de l'Aude était le port de Narbonne, première colonie romaine. Le sentier du Golfe antique permet de découvrir un milieu lagunaire exceptionnel, royaume des oiseaux. Cette ancienne Via Domitia, reliant les oppida empruntées par les éléphants d'Hannibal, traverse vignobles, pinèdes et villages de pêcheurs.

La boucle Pierre-Paul Riquet

De Revel (bastide médiévale) au Seuil de Naurouze (partage des eaux), cette boucle chemine sous les frais ombrages de la Rigole et du Canal du Midi. Elle passe par le castrum de Montferrand, la collégiale de Castelnaudary, l'abbaye de Saint-Papoul.

L e Sentier Cathare serpente de la Méditerranée à Foix, long de 200 kilomètres, il offre une grande variété de paysages : plaines, coteaux, forêts et landes, mer et montagne, la diversité des paysages traversés est le fidèle reflet du passage d'un milieu géographique à l'autre.

Des Corbières maritimes aux Pyrénées ariégeoises, l'itinéraire suit insensiblement les Marches d'Espagne, ancienne frontière entre les royaumes de France et d'Aragon. Aguilar, Quéribus, Peyrpertuse, Puilaurens, Montségur, citadelles du vertige érigées sur de véritables pitons rocheux furent, après la croisade contre les Albigeois, les possessions les plus méridionales des rois de France.

L'itinéraire du Sentier Cathare permet la découverte du patrimoine local et de panoramas exceptionnels, il évoque aussi une page de l'histoire médiévale méridionale, le catharisme languedocien, et des évènements qui l'ont fait disparaître.

Le drame cathare, halluciné et tragique pouvait-il avoir un autre théâtre que ces lieux exaltés, exigeants, traversés de tous les conflits, de toutes les passions du ciel et de la terre ?

En neuf étapes audoises et trois étapes ariégeoises, ce sont deux mondes qui se trouvent reliés : Méditerranée et Pyrénées. Le parcours peut être amorcé par l'une ou l'autre des étapes, laissées au choix du randonneur en fonction du lieu où il se trouve et du temps dont il dispose.

C'est avant tout à pied ou à cheval, voire à VTT qu'il faut découvrir les paysages des Corbières et des Pyrénées, propices à la rêverie. Au premier abord peu hospitalières, ces terres sauvages deviennent accueillantes pour celui qui prend le temps de les découvrir.

Les sentiers cathares ne se lisent pas seulement sur les cartes : ils sont inscrits aussi dans la géographie du cœur.

Galamus. *Photo CDT 11.*

Gorges de la Pierre Lys. *Photo P.DA./CDT 11.*

Pays de la Haute Vallée de l'Aude

*P*renant sa source au pied du massif du Carlit dans les Pyrénées, le fleuve Aude étire sa longue signature du sud au nord du Pays.

Le massif du Madres, au sud-est, paradis des randonneurs s'abaisse progressivement pour rejoindre le Fenouillèdes et les anciennes Marches d'Espagne où s'élève, majestueux, le château médiéval de Puilaurens. C'est le pays de l'ours et des grandes hêtraies.

Haute vallée de l'Aude. *Photo P.DA./CDT 11.*

Au sud-ouest, séparé par les impressionnantes gorges de Saint-Georges, de Pierre-Lys et de Joucou, le Pays de Sault garde toute l'authenticité des plateaux d'altitude marqués par les traditions d'élevage et d'exploitation forestière.

Plus au nord, au cœur du Quercorb, le château de Puivert et la bastide de Chalabre témoignent des richesses passées d'une région charnière qui annonce, à l'ouest, les douces collines du Lauragais.

A Quillan, carrefour de communication et ville d'étape privilégiée, l'Aude assagit ses effets et transforme son accent montagnard, rocailleux à souhait, en mélopée méditerranéenne. Témoins de l'évolution du temps, les « Hauts » de Campagne-sur-Aude abritent un site paléontologique majeur. C'est ici que fût découvert, en 2002, Eva, fossile de dinosaure le plus complet jamais découvert en France.

Puis, en descendant doucement la vallée, les coteaux des crus Malepère et Limoux marquent de leur empreinte les paysages et la vie économique d'un pays aux confluences des influences océaniques et méditerranéennes. Théâtre de la croisade contre les Albigeois, le souvenir cathare est ici omniprésent. Les noms des châteaux de Puilaurens, Puivert ou Arques font écho à ceux des abbayes de Saint-Polycarpe, Rieunette, Saint-Hilaire ou Alet-les-Bains.

Ce pays est un monde à lui seul car tout est là. Naturellement là !

Joucou. *Photo CDT 11.*

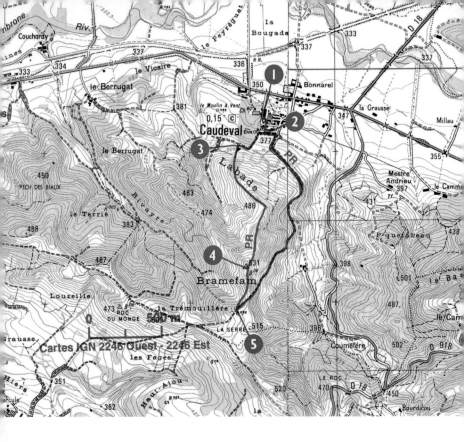

Arbres et forêts

Nul n'aura besoin de forcer son imagination, dans les bois de Caudeval, pour comprendre que le paysage qu'il parcourt a été le décor de bien des vies. Déjà, Wisigoths et Francs se guettaient depuis leurs fortifications de part et d'autre du Val d'Ambrone. Les bois étaient alors impénétrables. On dit même que, pendant longtemps, il fut impossible d'aller à Limoux autrement qu'en marchant…

De Caudeval à Monthaut, puis Corbières, les comtes de Chalabre, aimaient faire à pied le tour de leur domaine. Il est possible que plusieurs arbres, notamment les chênes, le tilleul de la Crémade et l'ormeau de Gueytes, qui n'a pas survécu à la récente épidémie, aient été plantés là du temps où Sully s'intéressait à l'agriculture du pays.

Silhouette de chêne rouvre en hiver.
Dessin N.L.

Le sentier de Caudeval

1 h 30 · **4 Km**

531m / 370m

Cette promenade, à la portée de tous, permet de découvrir un panorama grandiose sur les Pyrénées, le Quercorb, le Razès et la Montagne Noire.

1 Prendre la rue du Cimetière qui longe l'église puis le cimetière.

2 Bifurquer à droite dans la rue du Parc. Atteindre une fontaine dans un virage et continuer sur 100 m par la petite route bordée de chênes centenaires.

3 Tourner à gauche en montant le chemin herbeux qui grimpe sur la colline. En suivre la ligne de faîte, franchir des clôtures et laisser un chemin à gauche dans un coude. Atteindre le point culminant (531 m), marqué au sol par une borne géodésique *(point de vue circulaire des Pyrénées à la Montagne Noire)*.

4 Poursuivre droit devant le chemin qui redescend jusqu'à une intersection en épingle à cheveux.

5 Prendre à gauche le large chemin qui descend à flanc de coteau jusqu'au village. Regagner le château par la rue Haute.

Situation Caudeval, à 24 km à l'Ouest de Limoux par les D 620 et D 626

 Parking château

 Balisage jaune

 Difficulté particulière
■ Zone de chasse (se renseigner en mairie)

Ne pas oublier

À voir

 En chemin
■ Caudeval : château et bastide (village médiéval à plan régulier) ■ allées de chênes centenaires ■ point de vue

 Dans la région
■ Mirepoix : bastide médiévale, couverts, maison des Consuls, cathédrale ■ Chalabre : bastide remarquable, église ■ Limoux : centre historique, gastronomie, carnaval ■ lac de Montbel

Château de Caudeval. *Photo P.DA./CDT11*

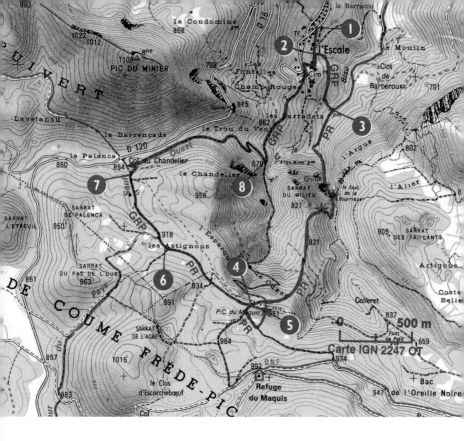

Le maquis de Picaussel

En mars 1943, l'armée allemande a mis en place un dispositif englobant la région. Le premier noyau de résistants locaux naît en ce printemps à la suite d'une erreur de parachutage. Le Maquis s'organise rapidement et passe de quatre hommes en avril 1944 à trois cent quatre-vingt à l'été, groupés en unités réparties sur 4 km². Le 6 juin, les maquisards attaquent au col de la Babourade, entre Ariège et Aude, pour prendre le contrôle du secteur. Du 6 au 9 août 1944, les Résistants sont encerclés par les Allemands qui brûlent le village de l'Escale mais les hommes de Picaussel, connaissant bien le terrain, ont déjà rejoint le maquis de Quérigut pour continuer la lutte contre l'occupant.

D'après « La mémoire de Picaussel » par les élèves du collège de Chalabre

La grotte du Maquis. *Photo P.DA./CDT 11*

Le sentier du Maquis

Sur ce sentier historique, à travers la belle forêt de Picaussel dominant le plateau de Puivert et sa puissante forteresse, marchez vers les traces et le souvenir des combattants de la Résistance.

① De la place, prendre à gauche la rue des Martyrs sur 150 m.

② A l'intersection, tourner à gauche sur un chemin herbeux, descendre à la passerelle du Blau et traverser le ruisseau.

③ S'engager à droite sur le *sentier historique*. Poursuivre sur le sentier qui franchit le ruisseau naissant, virer à gauche et remonter la rive gauche du talweg *(prudence : rambardes de sécurité)*. Atteindre la grotte du Maquis située à droite en retrait du sentier. Continuer à grimper en lacets raides jusqu'au saut de la Bourrique puis au Sarrat du Milieu. Plus haut, longer un mamelon et croiser une piste. Gravir le chemin très pentu en face. Laisser à droite le sentier qui descend sur Lescale par le bois de Cuxac et accéder à une plate-forme et à un carrefour de chemins.

④ Prendre à gauche le chemin forestier conduisant à l'ancien P.C. du Maquis *(mémorial ouvert au public)*.

⑤ Descendre le chemin goudronné jusqu'au fond de la clairière. Dépasser l'alignement de blocs obstruant le chemin et, au croisement, obliquer à droite pour rejoindre le carrefour du repère **④**.

④ Prendre à gauche le chemin forestier marqué d'un panneau *Sentier Cathare*. Le suivre en descente vers le Nord-Ouest jusqu'au carrefour des Astignous (918 m).

⑥ Poursuivre à droite vers l'aval sur l'itinéraire signalé *Sentier Cathare*. Dépasser une cabane dans une clairière à gauche et atteindre l'intersection précédant le col du Chandelier et la D 120.

⑦ Utiliser à droite le chemin qui descend dans la forêt, d'abord parallèle à la D 120 puis en lacets. Déboucher sur une piste (679 m).

⑧ La prendre à gauche. Dépasser l'église. A la route, bifurquer à droite sur le chemin de terre qui descend.

② Suivre la rue des Martyrs à gauche jusqu'au point de départ.

 3 h
6,5 Km

 951m / 500m

Situation Lescale (commune de Puivert), à 38 km au Sud-Ouest de Limoux par les D 118, D 117 et D 16

 Parking hameau de Lescale, place de la Libération

 Balisage
① à ② non balisé
② à ③ jaune-rouge
③ à ⑥ flèches vertes sur fond jaune
⑥ à ② jaune-rouge
② à ① non balisé

⚠ Difficultés particulières
■ Passages très escarpés entre ③ et ④
■ Zone de chasse (se renseigner en mairie)

Ne pas oublier

 **À voir**

 **En chemin**
■ grotte du Maquis
■ mémorial et P.C. du Maquis ■ forêt de Picaussel
■ points de vue

Dans la région
■ Puivert : château 14e, musée du Quercorb, plan d'eau ■ Nébias : musée de la Faune ■ Chalabre : bastide remarquable, église ■ Espéraza : musée des Dinosaures et musée de la Chapellerie

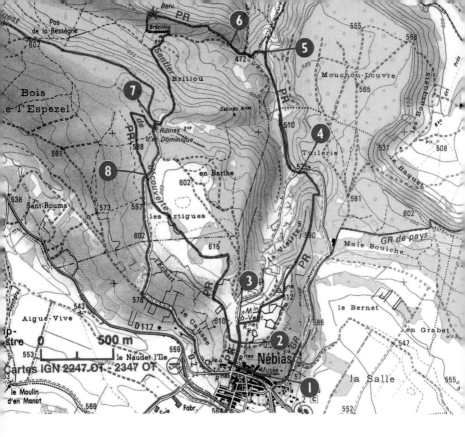

Labyrinthe et karst

L' action de l'eau sur le socle calcaire génère un réseau de formations insolites. Ici le milieu karstique se caractérise par un entrelacs de cannelures, de goulottes et de perforations. Les dolines sont une des formes caractéristiques du karst : ce sont des dépressions arrondies dans lesquelles viennent se rassembler les eaux de pluie pour rejoindre par des puits les réseaux souterrains.

A ce dédale rocheux s'ajoute le fameux laby-rinthe vert ! Objet d'une machination complice, ce dédale arbustif développe de multiples galeries frayées dans les fourrés, au risque de vous égarer ! Mais rassurez-vous, ce parcours de désorientation enchante les enfants. Et au besoin, un discret et bienveillant balisage vous remettra dans le droit chemin.

Sur le Sentier Nature. *Photo P.DA./CDT 11*

Le Labyrinthe vert

Un chemin invitant à redécouvrir de vraies sensations, admirer de vastes panoramas, entendre les milles bruits de la nature, sentir l'odeur de la terre, caresser l'écorce et goûter l'eau claire.

2h30
8 Km
615m
472m

Situation Nébias, à 42 km au Sud-Ouest de Limoux par les D 118 et D 117

 Parking allée de la Promenade (près du musée)

 Balisage flèche verte sur fond jaune

 Difficultés particulières

■ forte pente entre ❸ et ❹ ■ passage à gué entre ❺ et ❻ ■ rochers glissants en ❼ ■ zone de chasse (se renseigner en mairie)

Ne pas oublier

❶ Du musée, emprunter l'allée de la Promenade vers l'Ouest, passer devant le café et prendre à droite le chemin du Moulin-à-Vent.

❷ Au carrefour de chemins, continuer tout droit vers un ancien moulin à vent.

❸ Tourner à droite sur un chemin peu marqué. Gagner le roc del Corbas, puis descendre à travers bois par le sentier abrupt pour déboucher sur une piste devant les ruines d'une tuilerie. Aller à gauche sur 100 m.

❹ A l'intersection, virer à droite, dépasser un plan d'eau privé et atteindre une barrière. Poursuivre sur 300 m.

❺ Prendre à gauche un chemin herbeux, franchir à gué le ruisseau de la Picharelo, poursuivre sur 100 m et gagner une bifurcation.

❻ S'engager sur le sentier à droite, en croiser un autre et continuer à monter tout droit vers le belvédère de Brézilhou. Redescendre jusqu'à un ruisseau naissant. Rester sur le côté gauche puis, peu après, franchir le creux du ruisseau, virer à droite vers la ruine de la Borde de Brézilhou. Poursuivre sur le chemin qui monte pour passer un épaulement et redescendre à l'entrée d'un vallon. Atteindre un carrefour à hauteur de la ruine de la Borde de Dominique.

❼ Prendre le chemin à droite. Franchir une clôture, puis bifurquer à gauche *(bien suivre le balisage car le circuit zigzague)*. Se faufiler entre les rochers sous la végétation. Déboucher sur une piste et la suivre à gauche sur 30 m.

❽ Bifurquer à droite sur le sentier menant au labyrinthe.

▶ Pour sortir facilement du périmètre du labyrinthe, utiliser le sentier le plus à gauche *(flèches S.N.)*.

Traverser landes et pâturages. Près du village, le chemin se rétrécit, puis débouche sur le chemin de la Garenne.

❷ Rejoindre à droite l'allée de la Promenade et l'emprunter à gauche vers le point de départ.

À voir

 **En chemin**

■ Nébias : musée de la Faune ■ point de vue ■ labyrinthe

Dans la région

■ Nébias : forêt et lac de Tury ■ Puivert : château 14e, musée du Quercorb, plan d'eau ■ Chalabre : bastide remarquable, église

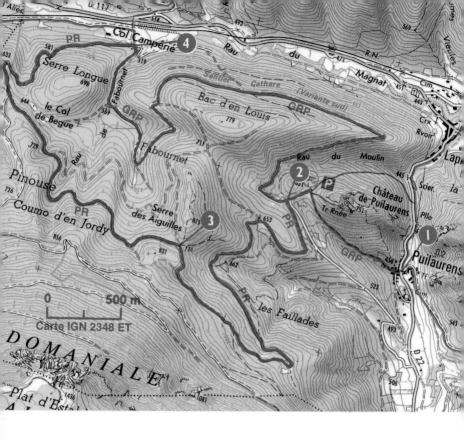

Le château de Puilaurens

Dressé à 697 m, au sommet du « Mont Ardu », Puilaurens est parmi les mieux conservées des grandes forteresses des Corbières. Au Moyen Age, il est un des principaux bastions de la vicomté occitane de Fenouillèdes. Au 13e siècle, pendant les événements liés à la répression du catharisme, il sert de refuge à de nombreux proscrits avant d'être pris par le roi de France vers 1250. Il est alors rebâti entièrement pour garder la frontière entre la France et le comté de Barcelone. Sa défense est assurée par vingt-cinq sergents d'armes renforcés par des chiens de garde. Après avoir subi plusieurs sièges, le château est définitivement abandonné vers 1800. De nos jours, classé Monument Historique, il appartient à la commune de Lapradelle-Puilaurens.

La Serre des Aiguilles et le château de Puilaurens.
Photo P.DA./CDT 11

La Serre des Aiguilles

4 h 30
16 Km

815m ⋀
458m ⋀

Belladone. Dessin N.L.

Ce circuit forestier par la Serre des Aiguilles offre des points de vue inhabituels et sans cesse renouvelés sur le château de Puilaurens.

❶ Rejoindre la place et suivre le chemin du Château qui monte en pente raide jusqu'à la billetterie du château de Puilaurens *(prévoir 1 h 15 pour la visite)*. Prendre la route à gauche sur 100 m. Dans le virage, partir à droite.

❷ S'engager sur la piste de gauche *(vues sur le château et sa rampe d'accès en chicanes)*. Elle monte, puis descend et atteint un replat à une bifurcation.

▶ Par un sentier raide, on peut gravir à droite la Serre des Aiguilles *(815 m ; belvédère dominant Puilaurens avec le pic de Bugarach à l'horizon)*.

❸ Suivre la piste qui descend à droite. Dépasser une intersection, puis arriver à la clairière du col de Camperié (519 m).

❹ Monter par la piste de droite, laisser un embranchement à droite (départ du sentier d'interprétation du milieu forestier). Continuer pour longer le Bac d'en Louis *(dans un tournant, vue sur le château)*. Rejoindre le parking du château.

❷ Par le chemin de montée, redescendre à Puilaurens.

Situation Puilaurens, à 50 km au Sud de Limoux par les D 118, D 117 et D 22

Parking place de la Mairie

Balisage

❶ à ❷ jaune-rouge
❷ à ❹ jaune
❹ à ❶ jaune-rouge

Difficultés particulières

■ Longue montée entre ❶ et ❸ ■ Zone de chasse (se renseigner en mairie)

Ne pas oublier

Photo P.DA./CDT 11

À voir

En chemin

■ Puilaurens : château 13e
■ points de vue

Dans la région

■ Cubières-sur-Cinoble : gorges de Galamus
■ Espéraza : musée des Dinosaures et musée de la Chapellerie
■ gorges du Rebenty

La forêt d'En Malo

Unissant, en un contraste saisissant, garrigue méditerranéenne et sombres forêts sapinières, ce circuit dévoile, au-delà de vertigineux abîmes, de vastes points de vues sur les Pyrénées et les Corbières.

❶ A la sortie du Caunil, suivre la route sur 100 m, puis prendre le chemin à droite et couper la route.

❷ S'engager tout droit sur le sentier qui longe un escarpement. Remonter un ravin. A la bifurcation, tourner à gauche. A l'intersection suivante, aller à gauche sur 50 m, puis virer à droite sur un sentier, dans l'axe de lignes électriques. Déboucher sur une piste et l'emprunter à droite vers le col de Frayche.

❸ Au carrefour, continuer tout droit *(piste privée)* sur 200 m, puis bifurquer à droite sur le chemin qui mène au col d'Al-Bouich.

❹ A l'intersection, partir à droite. Passer sous les lignes électriques et suivre le chemin en montée. Emprunter la route à gauche jusqu'au col des Artigues-d'En-Malo.

▶ La piste à gauche mène en 1 km à l'aven de Barrenc de la Neu *(curiosité naturelle)*.

❺ Poursuivre tout droit par la piste sur 350 m, puis bifurquer à gauche. Descendre, dépasser une cabane forestière à gauche. Longer des sapinières, franchir un col et virer à droite sur le chemin qui descend jusqu'à la ligne de crête *(panneau « privé » ; vue sur les gorges de l'Aude, le Bugarach, les Corbières et les Pyrénées)*.

❻ Grimper à droite par une sente qui longe la crête vers l'Est *(prudence : passage caillouteux)*. Dans une descente, atteindre une intersection, suivre la sente à gauche, puis en crête sur une trace peu visible. S'élever côté falaise et continuer dans la forêt. Par un raidillon, accéder à un replat. Redescendre en face, toujours côté gauche, vers le Plat d'Estable.

❼ Tourner à droite sur un chemin discret, à travers bois. Couper une aire de retournement et descendre par le chemin en face qui se dédouble peu après. Rester à droite, ignorer une piste à droite et dévaler le versant du Soula.

❽ Bifurquer à gauche vers la route du col du Frayche, puis l'emprunter à gauche.

❾ Descendre à gauche et retrouver Le Caunil.

Situation Le Caunil (commune de Salvezines), à 48 km au Sud de Limoux par les D 118, D 117, D 22 et D 322

Parking dans le hameau

Balisage jaune

 Difficultés particulières

■ Passage escarpé et orientation difficile entre ❻ et ❼ ■ Zone de chasse (se renseigner en mairie)

Ne pas oublier

À voir

 **En chemin**

■ carrières de Feldspath (utilisé dans l'industrie céramique)
■ points de vue

Dans la région

■ Puilaurens : château 13e
■ Fenouillet : chateaux 13e

Histoire d'ours

L'ours brun des Pyrénées était encore présent dans l'Aude au début du 20e siècle, particulièrement dans les forêts situées au-dessus de Quillan. Ils ont quasiment disparu des Pyrénées dans les années 1980 et c'est en 1996, en Haute-Garonne, que l'espèce a été réintroduite grâce à des animaux nés en Slovaquie. On compte actuellement plus d'une dizaine d'ours et d'oursons dans le massif. Leur alimentation est essentiellement végétarienne, mais après l'hibernation, ils se nourrissent également de matières carnées. Munis de colliers émetteurs, ils sont surveillés et leurs déplacements sont étudiés minutieusement. Cependant, la présence des ours reste toujours sujette à polémiques pour les habitants du massif pyrénéen.

Ours brun.
Dessin P.R.

La forêt d'En Malo

La forêt domaniale d'En Malo occupe une situation particulièrement favorable à la végétation forestière. Entre le pont d'Aliès, au bord de l'Aude, à 392 m d'altitude et le pic d'Estable qui culmine à 1 495 m, elle s'étend sur les pentes Nord d'un grand massif calcaire. Cette montagne arrête les nuages qui viennent de la Méditerranée toute proche engendrant une forte humidité atmosphérique. De ce fait, l'ensemble du massif est recouvert d'une belle forêt dont l'aspect change avec l'altitude. Dans les parties basses poussent des peuplements de pins sylvestres qui dès 600 m d'altitude se mélangent aux hêtres et aux sapins pectinés. Ces deux essences règnent en maître dès 800 m et forment une superbe hêtraie sapinière. La proportion de hêtres, variable, est très faible jusque vers 1 200 m (on trouve souvent des sapinières presque pures dans certaines parcelles), le mélange hêtres-sapins devient plus équilibré dans les parties les plus élevées du massif.

Salvezines En Malo. *Photo P.DA./CDT 11*

La route des Sapins

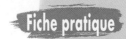

A travers de belles forêts de sapins ceinturées par les sommets pyrénéens, avec, en fond, la silhouette mythique du Saint-Barthélémy, cet itinéraire traverse de typiques villages montagnards.

4 h 30
15 Km

1380m
1165m

Situation Camurac, à 60 km au Sud-Ouest de Limoux par les D 118, D 117 et D 613

 Parking place du Monument-aux-Morts

❶ Suivre la rue principale jusqu'à l'église.

❷ La longer à gauche et poursuivre par un chemin de terre. A l'intersection, tourner à gauche, dépasser une croix et atteindre la D 613. L'emprunter à droite sur 150 m. Dans le virage, prendre le chemin à gauche. Croiser la route et continuer à droite sur un chemin le long du ruisseau. A la fin du chemin, poursuivre tout droit, sans s'élever, sur une sente. Longer la base de la colline jusqu'à la D 20.

 Balisage

❶ à ❸ jaune
❸ à ❺ jaune-rouge
❺ à ❶ jaune

❸ L'emprunter à gauche jusqu'au carrefour à l'entrée de Comus. Prendre la rue qui grimpe à droite.

 Difficultés particulières

❹ Avant la sortie du village, emprunter un chemin de terre à droite qui s'estompe en virant à droite. Continuer à monter en lacets. Couper la route, poursuivre sur le chemin en face pour la retrouver. La prendre à gauche jusqu'au col du Boum *(vue sur le Saint-Barthélémy)*.

■ Montées raides entre ❹ et ❺ et après ❽
■ Zone de chasse (se renseigner en mairie)

❺ S'engager à droite sur le chemin qui descend dans la cuvette du Pla du Boum. Laisser les départs à droite et suivre la piste qui rejoint la source captée. Continuer sur 350 m, puis prendre à gauche le chemin qui monte au col de la Gargante.

Ne pas oublier

▶ Par la piste la plus haute, accès au point de vue du Pas de l'Ours sur Montségur et les gorges de la Frau *(45 mn aller-retour)*.

❻ Au croisement, emprunter la piste à droite vers le col de Lancise, à travers des sapinières.

 À voir

❼ Juste avant le col, tourner à droite sur un chemin qui descend au Pla du Boum. A l'intersection au milieu du Pla, prendre à gauche un large chemin peu marqué *(abreuvoir à gauche)*. Progresser vers un col boisé et s'élever tout droit dans les pins jusqu'à un croisement.

 En chemin

■ forêts de sapins
■ point de vue du Pas de l'Ours

❽ Bifurquer à gauche, effectuer un lacet et gagner une piste en avant du col. La suivre à droite et continuer à monter vers la crête. Franchir un épaulement et descendre vers Camurac. Ignorer deux chemins à gauche. Après le cimetière, emprunter la D 20 à gauche.

 **Dans la région**

■ Camurac : station de ski
■ Montaillou : château 14e
■ gorges de la Frau
■ Montségur : château 13e et musée archéologique

❷ Retrouver le point de départ.

L'agriculture au Pla du Boum

Le fond de cette vaste cuvette d'effondrement, était traditionnellement dévolu à l'élevage bovin et, au pied du col du Boum, une source alimentait quelques abreuvoirs. Cependant, lors des moissons, les hommes préféraient boire l'eau de la lointaine source des cols, près de Camurac. En effet, cette zone bien exposée, ensoleillée et à l'abri du vent, était régulièrement cultivée. Céréales, pois, pommes de terre y poussaient. Mais la production la plus réputée était celle des lentilles de Comus, traditionnellement présentes lors de tous les grands repas, surtout celui de Noël. Étant plus productives sur des sols pauvres, elles étaient cultivées de préférence sur les parcelles les plus ingrates. Aujourd'hui, la nature s'est réappropriée le Pla du Boum et, au milieu des plantations de résineux, seuls les troupeaux de moutons y pâturent encore.

Vaches belins. *Photo P. DA./CDT 11.*

L'Aude a sa glisse

Situé à 1 200 mètres d'altitude, à l'extrémité ouest du pays de Sault, le village de Camurac a toujours attiré les skieurs qui apprécient les champs de neige dont se parent, l'hiver venu, les montagnes avoisinantes. La station de ski de Camurac, créée au début des années 1960, est la seule station de ski du département de l'Aude. Elle offre aux mordus de la glisse une quinzaine de kilomètres de pistes de ski alpin, de tous niveaux, qui s'étagent entre 1 350 et 1 750 m d'altitude et sont desservies par sept remontées mécaniques. Depuis le sommet des pistes, on peut admirer un panorama exceptionnel qui s'étend des hautes montagnes des Pyrénées ariégeoises au sud, à la plaine du Lauragais et à la montagne Noire au nord. L'hiver, par beau temps, on peut même apercevoir la cité de Carcassonne... à l'œil nu !

Camurac. *Photo P. DA./CDT 11.*

Route du Sapin. *Photo P. DA./CDT 11.*

Le pic de Bugarach

Le Pic de Bugarach. *Photo P. DA./CDT 11.*

Le pech de Bugarach, dominant le joli village du même nom, est le point culminant du massif des Corbières. Les Pyrénées actuelles sont le résultat de deux plissements majeurs commencés voici 350 millions d'années et formant ainsi une chaîne de près de 700 km de long sur 70 à 140 km de large. Sur le plan géologique, le pic constitue une curiosité car ses couches géologiques sont inversées. Ainsi, les roches calcaires du Jurassique supérieur se sont retrouvées sur les marnes, plus récentes, du Crétacé supérieur. Mais du haut de ses 1 230 m d'altitude, le pic de Bugarach reste avant tout un site prisé par les randonneurs offrant une vue splendide à 360° sur le paysage et les sommets pyrénéens.

Le pic de Bugarach

Le point culminant du massif des Corbières offre à ceux qui le gravissent des panoramas inoubliables au milieu de rochers aux formes fantastiques, à mi-chemin entre rêve et réalité.

① Emprunter la rue à gauche du monument aux Morts. Au bout, suivre la rue à gauche jusqu'à la sortie du village. Traverser un pont et continuer le chemin dans la même direction jusqu'à une intersection.

② Poursuivre tout droit. Le chemin se transforme en sentier et entre dans la forêt. En haut de la montée, avant la crête, se diriger à gauche sur 200 m et atteindre un carrefour.

③ Laisser la piste qui descend vers la route à droite pour suivre en crête un petit sentier discret, entre les buissons, qui monte en direction du hameau du Linas. Franchir des clôtures, puis déboucher sur une voie goudronnée. L'emprunter à droite jusqu'à une intersection .

④ Virer à droite, traverser Le Linas, puis couper la D 14. Utiliser une piste en face sur 200 m et rejoindre un carrefour.

⑤ Tourner à droite vers le parking du col du Linas.

⑥ Avant la route, monter à gauche par le chemin barré d'une chaîne. Délaisser toutes les options latérales. Au carrefour, partir à droite en montée et longer une clôture sur 150 m. Virer à gauche sur le sentier en montée, puis à droite dans la forêt. Le chemin descend, toujours le long d'une clôture.

⑦ A la fin de la descente, le sentier quitte la clôture pour monter brusquement à gauche à travers les arbres. Laisser un départ à droite et continuer par le chemin en montée raide, en délaissant les sentiers latéraux. Arriver à découvert.

▶ A droite, accès à la Pique Grosse *(20 mn aller-retour).*

⑧ Continuer en montée vers le col, puis grimper vers le sommet par le sentier de crête *(prudence : risque de vent violent).* Déboucher au pic de Bugarach *(1230 m ; point de vue circulaire).*

⑨ La descente s'effectue par le même itinéraire.

---

7 h
15 Km

1230m
465m

Situation Bugarach, à 32 km au Sud-Est de Limoux par les D 118, D 613 et D 14

 Parking monument aux Morts (D 14)

 Balisage
① à **⑤** jaune-rouge
⑤ à **⑨** jaune

 Difficultés particulières

■ Zone de chasse (se renseigner en mairie)
■ Fortes pentes et escarpements rocheux
■ Zone de vent violent entre **⑦** et **⑨**

Ne pas oublier

À voir

 **En chemin**

■ château de Bugarach 16e
■ châtaigneraie ■ points de vue

Dans la région

■ Cubières-sur-Cinoble : gorges de Galamus
■ Duilhac : château de Peyrepertuse 13e
■ Arques : château 14e et maison Déodat Roché
■ Espéraza : musée des Dinosaures et musée de la Chapellerie

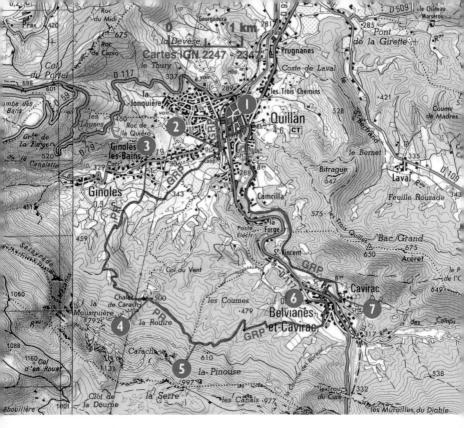

Les sports d'eau vive

Au cœur des Pyrénées audoises, le pays d'Axat et les gorges de l'Aude constituent un haut lieu des activités de pleine nature. Une convention lie EDF, exploitant l'énergie hydraulique en amont d'Axat, et les partenaires locaux afin d'assurer à la rivière un débit moyen de 10 m³, permettant ainsi de pratiquer des parcours de classe II à IV. Des gorges de Saint-Georges à celles de la Pierre-Lys, et de Quillan à Limoux, dans un cadre magnifique et préservé, on peut ainsi pratiquer en toute sécurité des activités comme le canoë, la nage en eau vive, le raft, le hot dog, etc. Pour les spécialistes du kayak, un bassin de 600 m a été aménagé au centre de Quillan. Equipé en permanence de portes, c'est un lieu d'entraînement et de compétition privilégié.

Rafting.
Photo P.DA./CDT 11

Le chalet de Carach

Epilobes. Dessin N.L.

3h15 12 Km

580m
285m

Ce circuit offre une remarquable alternance de végétation méditerranéenne et montagnarde. Niché au cœur de la forêt, le chalet de Carach est une construction en bois insolite et ravissante.

Situation Quillan, à 27 km au Sud de Limoux par la D 118

Parking de la gare

Balisage

❶ à ❸ jaune-rouge
❸ à ❺ jaune
❺ à ❶ jaune-rouge

❶ De la gare, suivre le boulevard jusqu'au feu. Tourner à gauche, traverser la voie ferrée et prendre à gauche l'avenue Baptiste-Marcet jusqu'à l'embranchement du chemin de Castillou.

❷ Tourner à droite, gagner le plateau, dépasser un ranch, puis virer à droite sur une piste plus large. Parvenir sur un épaulement *(vue sur Ginoles)* à une intersection.

❸ Bifurquer à gauche sur la piste qui monte. A l'intersection (490 m), effectuer le virage en épingle à cheveux à gauche et continuer à grimper en lacets. Ignorer un chemin à droite et descendre jusqu'au chalet de Carach. Continuer à descendre sur 100 m jusqu'à une route forestière.

Difficultés particulières

■ Montée raide par endroits entre ❶ et ❺ ■ Zone de chasse (se renseigner en mairie)

❹ L'emprunter à droite en montée sur près d'1 km, jusqu'au panneau *forêt communale de Belvianes et Cavirac.*

Ne pas oublier

❺ Bifurquer à gauche et poursuivre sur une piste forestière. Dans un virage en épingle à cheveux, continuer droit devant sur le sentier de traverse. Les vergers annoncent l'arrivée dans le village. Descendre la D 78 jusqu'à un carrefour.

À voir

En chemin

■ chalet de Carach
■ Cavirac : église 11e
■ Quillan : château 14e

❻ Tourner à droite dans la rue Brassens, traverser la D 117 *(prudence)* et emprunter tout droit la rue qui mène à la scierie. Virer à droite (transformateur) et se diriger vers Cavirac. Franchir à gauche l'Aude sur la passerelle et déboucher devant l'église.

Dans la région

■ Puivert : château 14e, musée du Quercorb, plan d'eau ■ Espéraza : musée des Dinosaures et musée de la Chapellerie ■ Arques : château 14e et maison Déodat Roché ■ Puilaurens : château 13e

❼ Aller à gauche, enfiler les rues du hameau et continuer sur le chemin de Camcilla, en rive droite de l'Aude. Peu après le centre de séjour de la Forge visible sur l'autre rive (passerelle), poursuivre sur la route. Longer l'usine Formica puis le quai du Pousadou, en direction du château qui domine Quillan. Traverser le pont Vieux et rejoindre la gare.

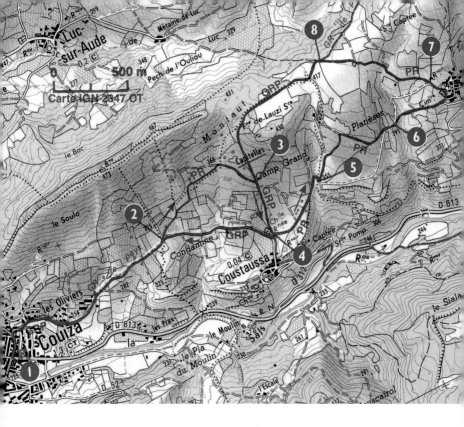

Le curé de Rennes-le-Château

Au Moyen Age, Rennes-le-Château dominant la vallée de l'Aude, joua un rôle important avant de tomber peu à peu dans l'oubli. A la fin du 19e siècle, l'abbé Saunière sortit le village de sa torpeur. Il restaura l'église dans un curieux style Saint-Sulpicien et fit bâtir une villa avec parc, pièce d'eau et tour néogothique. Sa vie tumultueuse comme ses dépenses, considérables pour un modeste prêtre, firent naître le mythe d'un fabuleux trésor. L'abbé pourtant mourut pauvre…

Aujourd'hui la légende alimente une littérature plus ou moins fantaisiste et attire de nombreux touristes dans le village où un musée est consacré à l'abbé. Mais Rennes-le-Château offre aussi aux amoureux de la nature des promenades en forêts dans un paysage enchanteur.

Rennes-le-Château. *Photo P.DA./CDT 11.*

Le circuit des Capitelles

3 h
9 Km

417m
225m

Ce parcours entre murettes et capitelles (abris de pierres sèches) permet d'admirer sur fond de Pyrénées, les sites chargés d'histoire de Blanchefort, Coustaussa et Rennes-le-Château.

Lièvre.
Dessin P.R.

1 Du point-accueil, rejoindre le feu. Tourner à gauche sur la D 118, puis à droite en montée par le chemin du Pech, à travers le lotissement des Oliviers. Dépasser la maison de retraite et continuer tout droit par la route en terre. Après la montée, poursuivre en descente sur 50 m.

2 A la fourche, s'engager à gauche sur le chemin qui dessert les vignes. Au bout de la parcelle, à hauteur d'un cabanon, emprunter un chemin à droite qui serpente entre les murettes et les capitelles, sur 700 m, puis suivre la piste à droite sur 250 m.

3 Au carrefour, descendre à droite vers Coustaussa.

4 Peu avant le village, au cimetière, partir à gauche en montée. A la fin de l'épingle à cheveux à droite, atteindre un embranchement.

5 Prendre la piste à gauche en légère montée sur 200 m. A la bifurcation, utiliser le chemin le plus à droite sur 200 m puis emprunter la piste à droite. Suivre la route en terre qui mène à Cassaignes à gauche sur 30 m.

6 Dans le virage, s'engager sur le chemin qui descend à droite à côté d'une bergerie. Il s'élargit et remonte vers le village. Ignorer les départs latéraux. Emprunter la route à gauche vers le village. Tourner à gauche devant l'église et arriver à une bifurcation.

7 Partir à droite en légère montée jusqu'au point haut et gagner un carrefour.

8 Emprunter la piste à gauche jusqu'à un bosquet et descendre vers Coustaussa.

3 Continuer la descente vers le cimetière.

4 Prendre la route en terre à droite et retrouver Couiza.

Situation Couiza, à 15 km au Sud de Limoux par la D 118

Parking point-accueil (derrière la poste)

Balisage jaune

Difficulté particulière

■ zone de chasse (se renseigner en mairie)

Ne pas oublier

À voir

En chemin

■ Couiza : château des Ducs de Joyeuse 16e ■ capitelles ■ Coustaussa : château 13e-17e ■ points de vue sur le Razès et les Pyrénées

Dans la région

■ Espéraza : musée des Dinosaures et musée de la Chapellerie ■ Arques : château 13e et maison Déodat Roché ■ Alet-les-Bains : ancienne abbaye 12e-14e et vieux village ■ Puivert : château 14e, musée du Quercorb, plan d'eau

Le chemin des vignerons

4h30
18 Km
441m 239m

Une randonnée à travers les villages du Razès, à la découverte des cépages de l'appellation Malepère. L'exceptionnel panorama du haut du Pech des Trois-Seigneurs en constitue le point d'orgue.

❶ Place de la Gare, passer entre le kiosque à musique et le cabinet médical. Tourner à gauche, couper la route qui remplace l'ancienne voie ferrée puis tourner à gauche, avenue des Prunus ; la suivre à gauche, pour prendre le chemin à droite dans la résidence Combe-Sourde. Au carrefour suivant, emprunter le chemin qui monte à gauche. Après la descente, contourner une vigne par la droite, puis continuer en face. Suivre à droite la route de Routier. A l'entrée du village, prendre à droite le chemin des Moulins. Au château d'eau, descendre à droite la D 702 vers Alaigne. Laisser une première piste à gauche et en atteindre une seconde.

❷ Emprunter cette large piste à gauche sur 50 m, puis se diriger à droite sur 1 km environ. Au carrefour, partir à gauche vers le domaine de Peyronnet. Couper la D 102 et continuer la piste tout droit.

❸ A la crête, monter à droite, puis suivre la D 52 à droite. A l'entrée d'Alaigne, prendre le chemin du Barry et traverser la place, prendre à gauche vers le cimetière et suivre la piste à gauche sur plus d'1 km.

❹ A la fin de la montée, grimper à droite par un chemin raide. En haut, virer à droite, passer une clôture et suivre la crête jusqu'au Pech des Trois-Seigneurs. Descendre tout droit jusqu'à un chemin plus important, et l'emprunter à droite pour retrouver la D 52. La suivre à gauche, passer le pont, puis trouver un chemin à gauche.

❺ L'emprunter et monter par la piste à droite. Prendre la D 463 à droite, couper la D 52 et aller en face vers le domaine de Bordère.

❻ Longer la clôture et descendre le chemin jusqu'au domaine de Turonis. Le contourner par la gauche puis emprunter la voie goudronnée à gauche. Traverser la D 102 pour rejoindre le domaine de Cazes.

❼ Après le bâtiment, descendre par un chemin à droite. Sur le terre-plein tourner à gauche vers le pin, puis environ 80 m plus loin, monter à gauche par une large rangée de vigne. Au chemin, tourner à gauche puis de suite à droite vers le bois. Le traverser puis tourner 2 fois à gauche. Longer le bas des vignes. Dans une rangée large *(poteau électrique)* tourner à droite. En crête, tourner à gauche, puis plus loin à droite pour suivre un chemin parallèle à la D 102 et descendre tout droit vers Belvèze.

Situation Belvèze-du-Razès, à 27 km au Sud-Ouest de Carcassonne par les D 118 et D 18

 Parking devant l'ancienne gare

 Balisage jaune

 Difficulté particulière

■ zone de chasse (se renseigner en mairie)

Ne pas oublier

À voir

 **En chemin**

■ Routier : clocher-mur de l'église ■ Alaigne : village circulaire, domaine expérimental de Cazes ■ Belvèze-du-Razès : Vierge classée.

Dans la région

■ Fanjeaux : vieux village, point de vue ■ Montréal : collégiale gothique ■ Saint-Hilaire : ancienne abbaye, cloître ■ Limoux : vieille ville, carnaval, gastronomie

Vignes du Razès. *Photo P. DA./CDT 11.*

Les vignes des Trois Seigneurs

Sur les chemins du plateau de Belvèze, sous ce ciel à l'horizon lointain, caractéristique des paysages du Razès et du Lauragais, vous découvrirez les merlots, cabernets, grenaches... Ces cépages, qu'ils soient anciens ou préfigurant les vignes du 21e siècle, puisent dans le sol gréseux des collines, tous les éléments nécessaires à l'élaboration d'un vin d'appellation contrôlée, rouge ou rosé : le côte de Malepère. Les vignerons perpétuent un savoir-faire séculaire, dans un souci de qualité honorant ainsi la mémoire des Phocéens qui furent sans doute les premiers vignerons du pays.

Vous aurez aussi le loisir de profiter du point de vue exceptionnel, en haut du Pech des Trois Seigneurs et d'admirer le château de Routier, une belle bâtisse du 16e siècle. Imaginez alors les fêtes des vendanges d'autrefois dans ces paysages de douces collines aux couleurs dorées !

Le domaine de Cazes

Au sud-ouest de Carcassonne, la région de la Malepère est au cœur d'un espace avantagé par des influences méditerranéennes et océaniques.

Depuis 1967, le domaine de Cazes mène un rigoureux projet d'expérimentation et d'amélioration des cépages, adaptés aux sols et aux climats permettant ainsi l'émergence d'un nouveau cru, le Côte de Malepère. Avec l'aide de plusieurs partenaires, le domaine s'est récemment lancé dans un projet original portant sur la biodiversité, misant sur une co-existence harmonieuse entre patrimoine naturel et pratiques agro-viticoles. Une étude précise de la faune et la flore du terroir a permis de mettre en évidence la fragilité du milieu et la diversité des espèces, parfois rares et protégées. Différents aménagements sont ainsi prévus au cœur des vignes, afin de préserver cette richesse : implantation de haies, installation de nichoirs, etc. Un projet novateur où la sauvegarde de la biodiversité devient une composante indispensable du développement agricole durable.

Le sentier des dinosaures

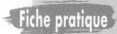

3 h
10 km

380 m
220 m

Cette randonnée associe les paysages de la Haute Vallée de l'Aude à la découverte d'un gisement paléontologique.

❶ Depuis la gare *(musées des Dinosaures et de la Chapellerie)*, prendre à gauche jusqu'à la mairie. Tourner à gauche rue Condorcet. Traverser la voie ferrée en empruntant le passage à niveau et continuer rue du Château-d'Eau.

❷ Au bout de la rue, prendre à gauche un chemin en montée vers un calvaire. En haut *(point de vue sur la vallée de l'Aude et le Bugarach)*, suivre la crête sur la droite. Passer entre une vigne et une clôture pour rejoindre une piste ; la descendre à gauche. Rejoindre une autre piste goudronnée et la prendre à gauche.

❸ Au col de Croux *(panneau)*, redescendre vers Esperaza. Au cimetière, tourner à gauche le long de la voie ferrée, pour revenir à la gare par le même chemin.

❶ Au parking, prendre à gauche l'avenue du 19-Mars-1962. Juste avant le pont sur l'Aude, tourner à droite. Suivre la berge.

❹ Tourner à droite rue du Casal, pour rejoindre la route de Campagne-sur-Aude, direction lotissement de la Grave.

❺ Après le pont, tourner à droite, rue Fontvieille puis à gauche en longeant la voie ferrée jusqu'au bout du lotissement.

❻ Emprunter une piste qui monte à droite ; la quitter pour un petit chemin qui rejoint la crête à droite. Atteindre les vignes et les traverser en direction de Campagne-sur-Aude.

❼ Au milieu d'une grande parcelle, descendre à gauche. A la piste, prendre à droite pour descendre sur Campagne-sur-Aude *(site de fouilles paléontologiques, ouvert à la visite)*. Aux caves, à l'entrée du village, continuer à descendre. Rejoindre l'église ; la contourner par la droite, puis emprunter à droite la rue du Pountet. Rejoindre la route d'Esperaza.

❽ La suivre à droite le long de l'Aude.

❺ Par l'itinéraire emprunté à l'aller, regagner le point de départ.

Situation Esperaza, à 44 km au sud de Carcassonne par la D 118

 Parking devant la gare et le musée des Dinosaures

 Balisage jaune

 Difficulté particulière

■ portion dans les vignes boueuse et glissante par temps humide ■ zone de chasse (se renseigner en mairie)

Ne pas oublier

À voir

En chemin

■ musée des Dinosaures ■ musée de la Chapellerie ■ site de fouilles paléontologiques ■ fort de Campagne-sur-Aude

 **Dans la région**

■ Arques : château 14e ■ Rennes-le-Château : église et point de vue ■ Alet-les-Bains : abbaye 11e-12e ■ Quillan : château 14e

Sur les traces d'Eva

*E*n remontant vers la fin du Crétacé, soit près de 70 millions d'années en arrière, le sud de la France, du Var à la Haute-Garonne, accueillit une importante population de dinosaures. Ce n'est que très récemment, en 1989, qu'ont débuté des prospections de grande ampleur et des fouilles systématiques sur le terrain. Dans la Haute Vallée de l'Aude, elles ont permis la découverte de nombreux et précieux gisements, dont certains constituent parmi les plus importants d'Europe : ossements, dents, œufs fossilisés, etc. Les chercheurs ont découvert une nouvelle espèce de sauropode parmi les troupeaux de dinosaures qui peuplaient le territoire : l'Ampélausorus Autarcis, littéralement « dinosaure du vignoble de l'Aude ». C'était un quadrupède herbivore au long cou et à la longue queue, mesurant de 15 à 20 mètres de long. En juillet 2002, le plateau surplombant Espéraza livre ainsi une découverte exceptionnelle, le squelette d'un jeune ampélosaure baptisé Eva, le plus complet jamais découvert en France. Les résultats de toutes ces recherches ont permis la création en 1992 de Dinosauria, premier musée européen entièrement consacré aux dinosaures, animé et géré par l'équipe des chercheurs.

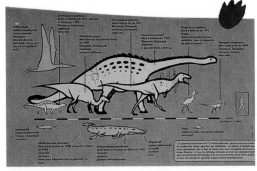

Photo P.DA./CDT 11.

Photo P.DA./CDT 11.

Campagne. *Photo P.DA./CDT 11.*   Feuille de vigne. *Dessin N.L.*

Le devin de Greffeil

En suivant le chemin qui monte sous les arbousiers de Greffeil, on passe près de maisons en ruines. Ici, vivait au 19e siècle, le devin, dont l'histoire se raconte encore.

Nulle magie pourtant chez «l'endevinaïre », plus psychologue que magicien ! La situation privilégiée de sa maison lui permettait de percer les secrets des Grefeillois. De celui qui venait le voir, il savait déjà tout ! Sa femme fut complice de ses méfaits. Les soirs de récolte, ils terrorisaient le village, battant d'un étrange tambour aux sons diaboliques… Les villageois effrayés se cachaient abandonnant leur blé que nos deux escrocs subtilisaient alors. La maréchaussée mit un terme à ces agissements, prenant les voleurs sur le fait à la stupéfaction des habitants.

Ladern-sur-Lauquet. *Photo P. DA./CDT 11.*

La boucle du Lauquet

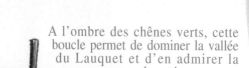

2 h
7,5 Km
420 m
251 m

A l'ombre des chênes verts, cette boucle permet de dominer la vallée du Lauquet et d'en admirer la sauvage beauté.

Situation Greffeil, à 23 km à l'Est de Limoux par les D 104, D 110 et D 56

 Parking à l'entrée du village

❶ Depuis l'église, prendre un escalier qui descend vers la route ; la suivre à gauche, puis descendre à droite vers le pont. Après le pont, la piste oblique à droite. Suivre la piste jusqu'à une bifurcation située dans un virage prononcé à gauche.

 Balisage jaune, pastille verte

Arbousier. *Dessin N. L.*

 Difficultés particulières

■ passages glissants par temps humide entre ❹ et ❺ ■ zone de chasse (se renseigner en mairie)

❷ Grimper par le chemin enherbé de gauche. Avant d'arriver en crête, passer une première ruine puis une seconde *(point de vue sur la vallée du Lauquet)*. Poursuivre dans les genets.

❸ A la bifurcation, prendre à droite en montée un sentier qui traverse le bois. Suivre toujours la même direction, laisser un sentier bien tracé qui descend à travers le camp de la Gleizo. Atteindre la jonction avec un autre sentier.

 Ne pas oublier

▶ Possibilité de retour direct vers Greffeil en descendant à gauche.

❹ Continuer à droite en montée. Le sentier serpente dans le sous-bois. Après un ruisseau, le sentier oblique à gauche. Arrivé au-dessus du Sautadou *(bâtiments)*, tourner à gauche pour traverser la rivière sur un gué bétonné.

 À voir

En chemin

■ église de Greffeil ■ pont et berges du Lauquet

❺ Prendre à gauche sur la D 56. La quitter assez rapidement pour monter à droite par une piste qui longe un ancien champ. Au bout, rejoindre un chemin empierré, qui monte à gauche. Atteindre un carrefour et suivre toujours tout droit la piste entre les arbres vers le village.

Dans la région

■ Ladern-sur-Lauquet : abbaye de Rieunette ■ Saint-Hilaire : ancienne abbaye ■ Saint-Polycarpe : ancienne abbaye ■ Limoux : vieille ville, carnaval, gastronomie

Cité de Carcassonne. *Photo P.DA./CDT 11.*

Le Pays Carcassonnais

Entre Pyrénées et Massif Central, entre Atlantique et Méditerranée, au carrefour des grandes appellations viticoles audoises, le Pays Carcassonnais offre toutes ses richesses au visiteur.

En son centre, Carcassonne et sa cité médiévale veillent depuis plus de 2000 ans aux destinées d'un territoire riche et chargé d'histoire.

La cité médiévale de Carcassonne, inscrite au Patrimoine mondial de l'Humanité par l'Unesco est le témoin privilégié de deux siècles d'histoire.

Vigne et roses. Photo P.DA./CDT 11.

Au nord, les crêtes de la Montagne Noire bordent l'horizon. Châteaux, abbayes et villages au passé industriel se découvrent pas à pas, au rythme des rivières qui façonnent le paysage.

A l'ouest, venant des plaines du Lauragais, le Canal du Midi serpente doucement sous la fraîcheur des platanes puis, écluse après écluse, rejoint le Minervois et la plaine de l'Aude.

Au sud, les collines et le vignoble de la Malepère annoncent les premiers contreforts des Pyrénées.

A l'est enfin, les monts d'Alaric surplombent la vallée de l'Aude et marquent les limites avec le massif des Corbières.

Randonner en Pays Carcassonnais, c'est cheminer du pic de Nore au signal d'Alaric par le sentier GR® 36, c'est découvrir la richesse et la beauté des vignes à l'automne, c'est retrouver les traces d'une architecture paysanne, ouvrière ou militaire, c'est se plonger dans nos racines culturelles et… gastronomiques !

Le château de Lastours.
Photo P. DA/CDT 11.

Témoins d'une époque : les cabanes

Dans les garrigues de Conques, de nombreux abris de pierres sèches témoignent de la rude époque où les paysans travaillaient ces terres aujourd'hui en friche. Selon les régions, ces constructions s'appellent bories, capitelles, garriottes, orris... Dans le pays, on les nomme simplement cabanes. Elles abritaient surtout les cultivateurs. Certaines, mieux bâties, hébergeaient l'hiver des bergers transhumants descendus des Pyrénées. Leur mode de construction est très ancien mais, ici, elles datent du 19e siècle. Des gens du pays ont récemment entrepris de les relever. Au prix de centaines d'heures de travail, ce patrimoine, souvenir d'un temps où l'homme et la nature se complétaient, a été sauvé et généreusement ouvert à tous.

Capitelles à Conques. *Photo P. DA./CDT 11.*

Les cabanes de la Garrigue — Fiche pratique 13

2h
6 Km

272m
185m

En cheminant dans la garrigue, les innombrables murettes et cabanes de pierres sèches, joliment remises en valeur par les gens du pays, gardent le souvenir du labeur acharné des anciens.

1 Tourner le dos au panneau d'informations et suivre la piste qui passe devant une première cabane *(abri de pierres sèches)*. Continuer sur 300 m dans la même direction.

2 Virer à gauche vers une cabane, puis monter vers la suivante. Poursuivre le sentier au Nord-Ouest. Passer trois cabanes, puis aller à gauche sur 50 m.

3 Remonter à droite à travers les pins. Après deux cabanes, partir en montée, puis se diriger à gauche jusqu'à la suivante.

4 Tourner à gauche, passer au milieu d'un enclos de pierres sèches, trouver une cabane puis, à droite, une autre. Descendre à gauche pour rejoindre la piste et le parking.

1 Emprunter la piste à gauche du panneau d'information. Passer devant une première cabane. Aller tout droit au carrefour sur 20 m.

5 S'engager sur le sentier à gauche. Tourner à droite après deux cabanes. A la suivante, obliquer à gauche, croiser une piste *(puits)* et continuer sur le sentier jusqu'à la suivante.

6 Obliquer à droite. Couper une piste. Emprunter une autre piste droite *(vue sur le Carcassès et les Corbières)*. S'engager sur un sentier à gauche pour rejoindre la cabane suivante. Traverser une piste et continuer le sentier vers le Nord. Après une nouvelle cabane, poursuivre à droite, en passer deux, puis déboucher sur une piste.

▶ Accès à une cabane en face.

7 Prendre la piste à droite. Au carrefour, emprunter la première piste à droite et passer devant une cabane.

8 Au carrefour, partir à droite jusqu'à la prochaine, puis s'engager sur un sentier à gauche. Atteindre une nouvelle cabane, puis rejoindre la piste.

5 Gagner le carrefour, puis tourner à gauche pour revenir au parking.

Situation Conques-sur-Orbiel, à 7 km au Nord-Est de Carcassonne par la D 201

Parking départ du circuit, au Nord-Ouest du village par la D 901 (panneaux)

Balisage bornes *circuit des Cabanes*

Difficulté particulière ■ zone de chasse (se renseigner en mairie)

Ne pas oublier

À voir

En chemin ■ Ensemble très riche d'abris et d'aménagements de pierres sèches

Dans la région ■ Lastours : les quatre châteaux 13e ■ Carcassonne : Cité 3e-19e (Patrimoine Mondial), Bastide ■ Canal du Midi 17e (Patrimoine Mondial) ■ Saint-Martin-le-Viel : ancienne abbaye cistercienne de Villelongue 12e-14e

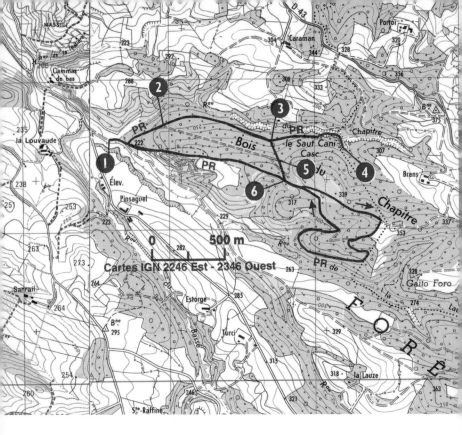

De la lande à la forêt

Le bois du Chapitre s'étend sur des collines au sol caillouteux pauvre, impropre à l'agriculture. Autrefois composé en partie de maigres taillis de chênes verts ou pubescents et en partie de vastes landes parcourues par des troupeaux de moutons, il a fait l'objet d'un programme d'amélioration. Les forestiers ont introduit des essences d'arbres qui doivent augmenter le potentiel productif de cette forêt. Le promeneur pourra observer des plantations de pins laricio et de sapins de Nordmann dans les anciennes landes alors que, dans les taillis de chênes existants, les trouées ont été regarnies avec du chêne rouge d'Amérique. Ces arbres au feuillage éclatant à l'automne sont très bien adaptés à ce sol acide souvent rocheux.

Citron sur
un chardon.
Photo P. DA./CDT 11.

Le bois du Chapitre

Parcours dans un bois où des essences variées de feuillus et résineux se côtoient, avec de belles échappées sur les Pyrénées et une halte rafraîchissante au bord de la cascade du Saut-Cani.

① Prendre le large chemin vers l'Est. A la bifurcation, monter à gauche, dépasser la citerne. A l'embranchement, aller à gauche. Passer la barrière et atteindre une fourche.

② Aller à gauche jusqu'à l'embranchement au niveau d'une rupture de pente.

❸ Continuer tout droit. Au bout du chemin, suivre le sentier qui descend en forte pente dans le creux du vallon du Chapitre. Le remonter et atteindre la cascade du Saut-Cani.

❹ Revenir à l'intersection.

❸ Monter à gauche en sous-bois et déboucher sur un chemin.

❺ Aller à gauche par le chemin sur quelques mètres, puis monter à droite et se rapprocher du talweg. Couper un chemin et continuer à monter. Le chemin franchit le creux du vallon et remonte en forte pente avant de continuer à flanc. Après un ressaut, il s'élargit. Atteindre une croupe à l'abri d'imposants chênes verts. Longer des plantations et arriver à un col. Traverser la crête et descendre à droite. Passer près d'un puits et rejoindre un chemin forestier.

▶ Variante : il est possible de retrouver le point de départ en allant à droite.

❻ Monter par la piste forestière la plus à gauche le long de plantations de sapins. A la bifurcation, descendre à droite. Au tournant marqué à droite, quitter le large chemin et aller à gauche. Dépasser une ruine et descendre à gauche. Le chemin se rétrécit et atteint une plate-forme. Continuer tout droit en forte descente, jusqu'à une piste forestière et aller à droite pour remonter un ruisseau et rejoindre un chemin empierré. Franchir le vallon vers la gauche. Après une montée, revenir au repère **❻**.

❻ Aller à gauche, passer au-dessus d'une citerne et suivre la crête. Après la barrière, commencer à descendre. Laisser un chemin à gauche au niveau d'une clôture, descendre par un chemin creux et retrouver le point de départ.

---

2 h
6 Km

350m
222m

Situation Montréal, à 19 km à l'Ouest de Carcassonne par la D 119

Parking bergerie du Bois du Chapitre, à 2 km au Sud-Est du bourg

Balisage
① à **②** jaune (fleur et hache oranges)
② à **❺** jaune (fleur orange)
❺ à **①** jaune (hache orange)

Difficultés particulières

■ Zone de chasse (se renseigner en mairie)
■ Passage dans le lit du ruisseau en **❸** ■ Terrain glissant par temps de pluie entre **❸** et **❻**

Ne pas oublier

En chemin

■ cascade du Saut-Cani
■ points de vue sur les Pyrénées

Dans la région

■ Montréal : collégiale 14e
■ Fanjeaux : bastide, église et point de vue du Seignadou
■ Castelnaudary : port sur le Canal du Midi, gastronomie (cassoulet) ■ Villasavary : village remarquable, moulin à vent 18e (mécanisme complet)

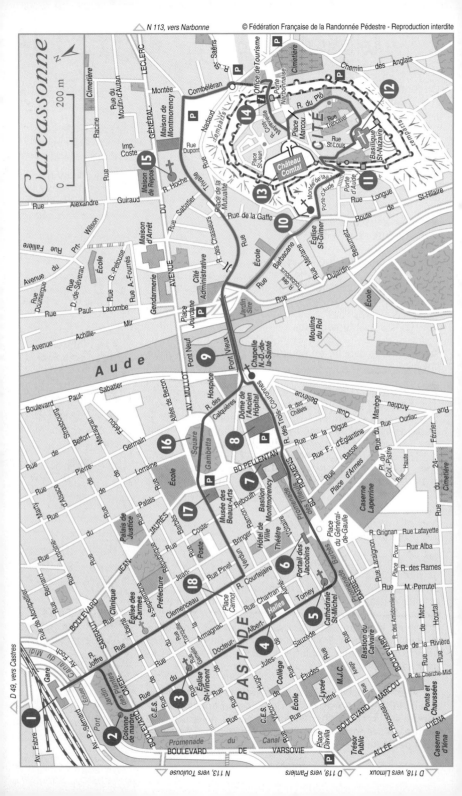

De la Bastide à la Cité

A travers rues et places, ce parcours urbain vous permettra de relier deux monuments inscrits au Patrimoine Mondial : le Canal du Midi et la cité de Carcassonne.

1 h 50
5,5 Km

163m
112m

Situation Carcassonne, à 145 km à l'Ouest de Montpellier par les A 9 et A 61

 Parking André-Chénier

Balisage
1 à 2 non balisé
2 à 11 blanc-rouge
11 à 1 non balisé

Faucon crécerelle.
Dessin P. R.

De la **gare** ❶, franchir le **Canal du Midi** *(écluses et port)* et entrer à droite dans le jardin des Plantes. Gagner la **colonne de marbre** ❷ *(carrières de Caunes-Minervois, destinée au Grand Trianon).* Suivre en face la rue Albert-Tomey. *La croisade contre les Albigeois entraîna la conquête de la vicomté de Carcassonne par le roi de France. La cité fut alors radicalement modifiée et les deux faubourgs, Saint-Vincent et Saint-Michel, qui étaient au pied des murailles, furent rasés. Pour reloger la population, saint Louis fit bâtir une bastide (ville neuve au plan régulier) encore visible aujourd'hui.*

À voir

Passer devant l'**église Saint-Vincent** ❸ (14e), la **halle aux grains** ❹, la **cathédrale Saint-Michel** ❺ (13e-14e) et aboutir sur la promenade Barbès. L'emprunter à gauche en passant devant le **portail des Jacobins** ❻ *(18e ; à droite, caserne Laperrine où est basé le 3ème RPIMa).*

Continuer tout droit pour passer devant le **bastion Montmorency** ❼ (16e). Traverser et emprunter, à droite du **dôme de l'ancien hôpital** ❽, la rue des Trois-Couronnes pour franchir le **pont Vieux** sur l'Aude ❾ *(chapelle Notre-Dame-de-la-Santé 14e).*

Après le pont, tourner à droite et suivre la rue Barbacane jusqu'à l'**église Saint-Gimer** ❿ *(construite par Viollet-le-Duc).* La contourner et gravir la voie pavée qui entre dans la Cité par la **porte d'Aude** ⓫.

Entrer dans les remparts *(premier ensemble de fortifications médiévales d'Europe ; des tronçons de l'enceinte gallo-romaine du 3e s. voisinent avec les fortifications du 13e).* Les restaurations de Viollet-le-Duc *(au 19e)* ont surtout porté sur le sommet des bâtiments. Tourner à

En chemin

■ port et écluses du Canal du Midi, église Saint-Vincent, cathédrale Saint-Michel, pont Vieux, remparts de la Cité, basilique Saint-Nazaire, château comtal, places et hôtels particuliers de la ville, musée des Beaux-Arts

Dans la région

■ Lastours : les quatre châteaux 13e
■ Saint-Martin-le-Vieil : ancienne abbaye de Villelongue 12e-14e
■ Saint-Hilaire : ancienne abbaye 12e-14e
■ Caunes-Minervois : village pittoresque, ancienne abbaye 11e-18e

droite et gagner la *basilique Saint-Nazaire* 12 *(12e-14e ; remarquables vitraux, un des plus anciens chantier gothique au Sud de la Loire).*

Aller à gauche, suivre la rue du Plô jusqu'à la place Marcou, puis se diriger à gauche vers l'entrée du **château comtal** 13 *(ancienne résidence des vicomtes Trencavel, en grande partie reconstruit, siège de l'administration royale, visites guidées d'1h30 pour le musée et le chemin de ronde).* Descendre la rue Cros-Mayrevielle et sortir des murailles par la **porte Narbonnaise** 14 *(Office du tourisme dans la tour de gauche).*

Partir tout droit, puis descendre à gauche au rond-point. Descendre la montée Combéléran, puis obliquer à gauche rue Trivalle. Passer la maison de Montmorency puis l'**église Notre-Dame-de l'Abbaye** 15 et retrouver le **pont Vieux** 9.

Franchir l'Aude, prendre à droite la rue des Calquières et traverser tout droit le **square Gambetta** 16. Poursuivre rue de Verdun, passer le **musée des Beaux-Arts** 17, puis prendre la rue Courtejaire à droite. Longer la **place Carnot** 18 *(fontaine de Neptune)*, puis remonter la rue Clemenceau pour retrouver la **gare**.

L'embrasement de la cité

Au soir du 14 août 1898, la ville de Carcassonne éteignit ses lumières, une gerbe de feu donna le signal de ce qui allait devenir le célèbre embrasement de la Cité. Cette manifestation a fêté son centenaire. En effet, tous les ans la ville perpétue ce feu d'artifice qui depuis bénéficie des progrès de la pyrotechnie. Par vagues successives, des centaines de fusées illuminent le ciel d'été, puis les feux de bengale donnent l'illusion saisissante que la vénérable cité s'abîme dans les flammes. Chaque année, cette manifestation attire des milliers de touristes et de gens du pays qui envahissent les abords de la cité jusque dans le lit de l'Aude, et l'on peut voir les files de voitures amassées sur des kilomètres aux alentours de Carcassonne. Cet événement côtoie le « Festival de la Cité » qui accueille des artistes de variétés et de théâtre célèbres, mais aussi des groupes de musiciens et d'artistes de rue, renouant ainsi avec la tradition des troubadours et jongleurs médiévaux.

Feu d'artifice à Carcassonne. *Photo P.DA./CDT 11.*

La Cité et la Bastide

*I*l y a plus de vingt-six siècles, un chef de tribus, installa l'oppidum de Carcaso sur la colline de l'actuelle cité, un couloir entre Massif Central et Pyrénées, au débouché de la vallée de l'Aude, sur «l'Isthme Gaulois», plus court passage terrestre entre Méditerranée et Atlantique. Le destin de la ville était alors scellé. Les Romains la fortifient, Wisigoths, Maures puis Francs s'y succèdent. Au Moyen Age, Carcassonne est le fief des vicomtes Trencavel, qui en sont dépossédés par la Croisade contre les Albigeois. La ville devient alors possession des rois de France qui la rendent imprenable en doublant les remparts. La population fut déplacée de l'autre côté de l'Aude, dans une bastide au plan régulier. Les deux villes seront souvent rivales. Au 17e siècle, le percement du Canal du Midi enrichit la bastide tandis que la cité perd son rôle stratégique. Au 19e siècle, elle échappe de peu à la démolition. Restaurée par Viollet-le-Duc, elle accueille chaque année plus de deux millions de visiteurs.

Carcassonne. *Photo P. DA./CDT 11.*

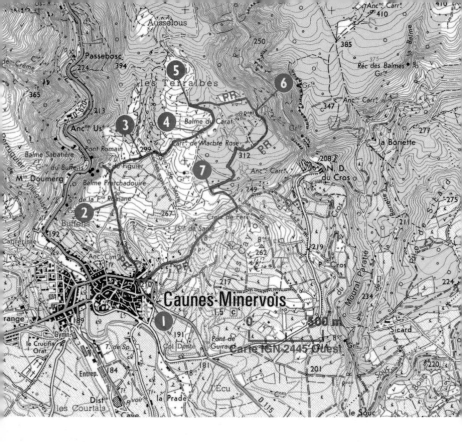

Un marbre de prestige

Marbre de Caunes. *Photo P. DA./CDT 11.*

L e marbre de Caunes, déjà utilisé par les Romains, est aussi présent dans les chantiers du Moyen Age. Au 17e siècle on retrouve les marbres *incarnats* et *turquins* dans l'architecture de Versailles. L'ouverture du Canal du Midi en facilite l'acheminement. Louis XIV, par arrêté royal, se réserva la carrière de la Malecasse. Le somptueux marbre rouge va rehausser de son éclat de prestigieuses réalisations : Versailles, le Louvre, l'Opéra, etc. Localement, il orne de modestes églises ou des maisons bourgeoises. Dominant les gorges du Cros, les veines de marbre incarnat affleurent à la carrière du Roi, d'où furent extraites les colonnes du Grand Trianon. Leur couleur chatoyante évoque la chaleur des vins du Minervois issus de ce même sol généreux.

Les carrières du Roi

2 h
5 Km

340m
210m

Dans un beau paysage méditerranéen, surmontant les gorges du Cros, découvrez les anciennes carrières de marbre incarnat qui alimentèrent les plus grands chantiers du Roi Soleil.

❶ Monter la rue du Terral, au-dessus du lavoir, vers le haut du village, puis emprunter à gauche un sentier qui monte en crête, en laissant tous les départs latéraux. Prendre à gauche un chemin, à travers une oliveraie abandonnée, sur 30 m, puis aller à droite vers une maison isolée. Avant celle-ci, atteindre à gauche un sentier entre deux murets.

❷ S'y engager en longeant une vigne. A l'angle de celle-ci, le chemin vire à droite.

▶ A 200 m à gauche, vue sur la vallée de l'Argent-Double.

Au bout de la parcelle, gravir à droite un sentier au milieu des arbres.

❸ En haut, au carrefour, continuer tout droit, puis laisser une piste à gauche. Après une descente bétonnée, monter à gauche sur 50 m, puis suivre le chemin à droite *(ancien pont)* jusqu'à la route forestière.

❹ L'emprunter tout droit. La route vire à gauche.

❺ A hauteur d'un abri de pierres sèches, à droite, s'engager sur un sentier en légère montée. Laisser un départ à gauche. Plus loin, à un croisement, continuer à monter vers la crête *(vue sur les gorges du Cros)*. Descendre en lacets dans la pinède et laisser un sentier à droite.

❻ Dans les déblais de la carrière, bifurquer à droite en montée *(carrières du Roi : fronts de taille, colonne abandonnée, voies empierrées)*. Suivre la crête *(vue sur le Minervois et les Corbières)*. Prendre un chemin qui oblique à droite le long de la clôture des carrières Rocamat *(accès interdit)*. Au carrefour, continuer tout droit. Après le parking, descendre et dépasser de peu le croisement avec la route forestière.

❼ Descendre à gauche par un sentier à travers la pinède. Laisser un chemin à gauche, puis traverser une friche pour rejoindre le chemin goudronné du Cros. Le descendre à droite *(vestiges d'un chemin de croix)* pour retrouver le point de départ.

Situation Caunes-Minervois, à 20 km au Nord-Est de Carcassonne par la D 620

Parking porte de Narbonne

Balisage

jaune

Difficultés particulières

■ Attention aux à-pics dans les carrières ■ Zone de chasse (se renseigner en mairie)

Ne pas oublier

À voir

En chemin

■ Caunes-Minervois : village pittoresque et ancienne abbaye 11e-18e ■ point de vue sur les gorges du Cros ■ carrières du Roi 17e-19e

Dans la région

■ Cabrespine : gouffre géant ■ Rieux-Minervois : église romane 12e ■ Limousis : grotte ■ Canal du Midi 17e (Patrimoine Mondial)

73

La cascade de Cubserviès

Découvrez les villages traditionnels de la Montagne Noire et une des plus hautes cascades d'Europe, à travers une grande variété de paysages où la végétation change au détour de chaque vallée.

① Suivre la D 9 vers Carcassonne, passer le pont sur le Rieutort, aller à droite et emprunter un chemin qui monte à gauche. A la bifurcation, s'élever dans la pente à droite parmi les murets éboulés. Grimper dans la Coume Roussal, gagner la crête, puis arriver à un embranchement.

▶ A droite, accès au hameau de Saint-Julien.

② Monter à gauche. Après un passage à flanc, franchir le haut du vallon et gagner la crête *(point de vue sur les châteaux de Lastours, la plaine de Carcassonne et les Pyrénées)*. Dépasser les dolmens de Ventajou et arriver en lisière de forêt. Continuer à niveau à droite, puis suivre la piste. Rejoindre une large piste et la monter à gauche.

③ A la Vierge du Plo-Saint-Martin, aller à droite et déboucher sur la route.

▶ La route à droite mène à Cubserviès et à la cascade.

④ Suivre la route à gauche, dépasser le moulin de Fontpeyrisse et monter à une bifurcation.

▶ La route mène à l'église romane de Saint-Sernin.

⑤ Descendre à droite. A la bifurcation, aller à gauche. Le chemin se rétrécit. Passer aux ruines de Parayrol et poursuivre sur un large chemin en descente. Dépasser les ruines de Sabartès. Franchir le pont sur le ruisseau de Prat-Viel et déboucher sur une route.

⑥ Monter à gauche à La Bastide-Esparbairenque. Couper la D 9 et gagner à droite le lavoir.

⑦ Aller à gauche. Monter par un chemin à gauche *(à droite, église Saint-André)*. Emprunter la piste à droite jusqu'au virage *(point de vue sur la vallée)*.

⑧ Descendre à droite sous le roc d'En Galière entre d'anciennes terrasses. Franchir une brèche et continuer entre deux murets. Arriver à une bifurcation.

⑨ Suivre le sentier à droite qui dévale en forte pente et retrouve Roquefère.

Situation Roquefère, à 26 km au Nord de Carcassonne par les D 118, D 201, D 101 et D 9

Parking derrière l'église (au pied du château)

Balisage
① à **②** jaune
② à **⑦** jaune (pastille orange)
⑦ à **①** jaune (pastille bleue)

Difficulté particulière

■ Dénivelé important entre **①** et **③** ■ Montées raides avant **⑥** et **⑧** ■ Sentier pierreux entre **⑧** et **①** ■ Zone de chasse (se renseigner en mairie)

Ne pas oublier

À voir

En chemin

■ dolmens de Ventajou ■ Cubserviès : cascade, église ■ Labastide-Esparbairenque : église Saint-André ■ constructions en schiste (riche patrimoine rural)

Dans la région

■ Lastours : les quatre châteaux 13e ■ Limousis et Cabrespine : grottes ■ belvédère du pic de Nore (1211 m)

Les eaux de la Montagne Noire

L'imposante masse du pic de Nore qui s'élève à 1 211 m d'altitude accueille les nuages poussés par les vents dominants. Les précipitations arrosent alors de denses forêts dont la couleur sombre a donné son nom au massif. L'eau, véritable richesse en pays méditerranéen, alimentait déjà les moulins de l'an Mil et plus tard les scieries, puis les martinets de forge.

Recueillie par des sols acides, cette eau cristalline est profitable aux différentes étapes du traitement de la laine. Elle concourut au fort développement de l'industrie textile sur les deux versants de la montagne. Au 17e siècle, Pierre-Paul Riquet entreprit de capter les ruisseaux de la Montagne Noire pour les rassembler au sein de son œuvre : le Canal du Midi. Aujourd'hui, des barrages, comme celui de Laprade-Basse, stockent l'eau et la redistribuent l'été pour irriguer les cultures de la plaine ou pour alimenter les villes en eau potable.

Ecrevisse. *Dessin P. R.*

Roquefère. *P. DA./CDT 11.*

Mines et métallurgie

Les gisements de cuivre du Cabardès ont été exploités dès la préhistoire. Peu à peu, les progrès de la métallurgie ont permis d'obtenir du fer, tiré d'un minerai qui abonde dans la région. La vallée de l'Orbiel fut alors le siège d'une industrie prospère. Durant l'Antiquité, des « *barrencs* », tranchées d'extraction parfois profondes de 100 m, ont été creusées à Fournes. Sur les sites des Martys, des batteries de bas-fourneaux ont produit pendant trois siècles des dizaines de milliers de tonnes de fer. Au Moyen Age, les mines confortèrent la puissance des seigneurs locaux, et, au 15e siècle, des gisements de plomb et d'argent furent découverts. La présence de l'or a été décelée en 1892 à Limousis. Ce fut le point de départ de l'aventure de la mine de Salsigne. Le gisement a déjà produit 130 tonnes d'or ainsi que de l'argent, du fer, du soufre et de l'arsenic. Mais l'activité connaît aujourd'hui des déboires liés aux variations du cours du précieux métal.

Cascade de Cubserviès. *Photo P. DA./CDT 11.*

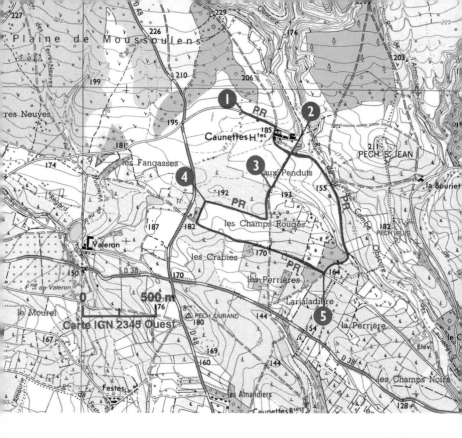

Le Cabardès, entre vent d'est et vent d'ouest

Vignobles du Cabardès. *Photo P. DA./CDT 11.*

Le Cabardès se partage entre garrigues, thyms et chênes verts, typiques de l'influence méditerranéenne et vallées boisées, châtaigneraies, pâturages des contreforts de la Montagne Noire, aux influences océaniques. Ici, la culture de la vigne est une activité essentielle, dont la tradition se perpétue depuis la période romaine. Aujourd'hui, le vignoble s'étend sur dix-huit communes et représente 600 hectares en production dont la majeure partie est exportée. Les vignerons des vingt-deux châteaux et domaines proposent chaque année des vins mûrs, riches et complexes, élaborés à partir de l'assemblage des cépages atlantiques (merlot et cabernet), et méditerranéens (syrah et grenache). Le vignoble du Cabardès bénéficie de l'appellation A.O.C. depuis 1999.

Le sentier ampélographique **18**

185m
155m

Situation Caunettes-Hautes (hameau de Moussoulens), à 14 km au Nord-Ouest de Carcassonne par les N 113 et D 48

 Parking
250 m avant le hameau

Balisage
jaune (flèches en bois)

Ne pas oublier

Figuier et son fruit.
Dessin N. L.

Ce sentier de découverte du vignoble, présente grâce à des panneaux didactiques implantés le long des vignes, les différents cépages de l'appellation Cabardès.

❶ Du panneau, suivre la route jusqu'à Caunettes-Hautes. Contourner le hameau par la droite et rejoindre un chemin agricole. Arriver à une bifurcation.

❷ Monter à droite entre deux champs de céréales.

❸ Avant la fin de la montée, au début d'une haie, quitter le chemin pour entrer dans la vigne à droite. La longer vers la gauche. Continuer à la contourner en obliquant à droite. Poursuivre entre les vignes et rejoindre un chemin agricole.

❹ Le prendre à gauche et longer un bois de pins. Emprunter le large chemin à gauche sous les amandiers. Passer un embranchement, puis traverser un bois de chênes verts. Arriver à un carrefour.

❺ Suivre le chemin à gauche le long du bois. Commencer à descendre, retrouver les vignes puis le ruisseau de Combe Obscure. Remonter le vallon et rejoindre la bifurcation.

❷ Par l'itinéraire emprunté à l'aller, retrouver le parking.

À voir

 **En chemin**

■ panneaux pédagogiques sur les différents cépages

 **Dans la région**

■ Montolieu : village du livre ■ Saint-Martin-le-Vieil : ancienne abbaye de Villelongue 12e ■ Brousses-et-Villaret : moulin papetier ■ Caunes-Minervois : village pittoresque et ancienne abbaye 11e-18e

Sur les hauteurs de Limousis

3 h 30
9 Km

647m
341m

Les mâts de la ferme éolienne de Limousis-Sallèles ponctuent les vastes horizons qu'offre la crête du mont Simel, à 683 m d'altitude. La plaine de Carcassonne est à vos pieds et les Pyrénées à portée de main.

Situation Limousis, à 20 km au Nord-Est de Carcassonne par les D 118, D 201, D 101, D 111 et D 511

Parking place du village

Balisage jaune

❶ Se diriger vers le beffroi et emprunter le passage couvert. A la fin de la voie goudronnée, continuer à descendre, atteindre le ruisseau et le remonter.

❷ A la confluence, suivre le vallon de gauche. Arriver sur le plateau de Fournes-Cabardès. Prendre la D 401 à droite et quitter le village. Gagner la croix près du réservoir.

Milan royal.
Dessin P. R.

▶ Menhirs à 1 km *(panneau d'informations)*.

❸ Poursuivre par la route sur 300 m. A la borne kilométrique, s'engager sur le chemin à droite. Descendre vers le vallon de Courribiès, puis remonter à Sériès. Traverser le hameau, franchir un ruisseau et continuer par la route jusqu'à la bergerie de Courtal-Long. Au virage à gauche, atteindre un embranchement.

❹ Partir à droite et gagner le col (647 m) sur la crête du mont Simel. Changer de versant *(vue sur la plaine et les Pyrénées)* et descendre par un large chemin caillouteux. Le chemin oblique à gauche et la pente s'accentue.

❺ Peu après, s'abaisser à droite pour retrouver le chemin en contrebas. Le prendre à droite.

❻ A la bifurcation, monter à droite, puis suivre un sentier qui parcourt un replat à la végétation rase et croiser un chemin *(à droite, belvédère sur la ferme éolienne de Limousis-Sallèles, les Pyrénées...)*. Descendre et passer devant l'entrée de la grotte de Limousis *(prévoir 1 h de visite)*. Continuer entre les buis taillés, dépasser le parc de stationnement et atteindre un carrefour.

❼ Suivre la route à droite qui ramène à Limousis.

Difficultés particulières

■ Zone de chasse (se renseigner en mairie)
■ Passage dans le lit d'un ruisseau entre ❶ et ❸
■ Zone d'élevage, tenir les chiens en laisse

Ne pas oublier

À voir

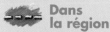

En chemin

■ belvédère du mont Cam
■ grotte de Limousis

Dans la région

■ Fournes-Cabardès : menhirs ■ ferme-éolienne de Limousis-Sallèles-Cabardès
■ Lastours : les quatre châteaux 13e

Les éoliennes de Sallèles-Limousis

Les principaux sites de production d'électricité éolienne en France se trouvent actuellement dans le département de l'Aude. Sur le littoral, à Leucate ou ici, à Sallèles-Limousis. En effet, les hauteurs dominant le sillon de Carcassonne situé entre la Montagne Noire, premiers contreforts du Massif Central et le massif des Corbières, proche des Pyrénées, sont très exposés aux vents. Le cers, cousin de la tramontane et le marin, vents concurrents, s'engouffrent dans cet entonnoir tout au long de l'année et y expriment toute leur puissance. A Sallèles-Limousis, dix gigantesques éoliennes de plus de quarante mètres de diamètre fixées sur des mâts de cinquante mètres de haut, fournissent au réseau EDF près de 21 millions de kw/h annuels, équivalant à la consommation d'une ville de 10 000 habitants. Dans ce pays où les silhouettes d'anciens moulins à vent ponctuent encore le paysage, cinq autres projets de parcs éoliens devraient voir le jour très bientôt.

Le parc éolien de Sallèles.
Photo M. L.

Les grottes du Cabardès

Dans le Cabardès, au contact des schistes de la Montagne Noire, s'étend une bande de calcaires anciens que les eaux cristallines descendant du Pic de Nore ont facilement dissous pour y creuser de nombreuses cavités souterraines. Plusieurs centaines de grottes, parfois occupées dès la Préhistoire, y sont recensées. Au siècle dernier, certains villages y organisaient parfois les bals de leurs fêtes votives. Ouvert au public depuis 1988, le gouffre géant de Cabrespine livre une immense salle souterraine de près de 220 m de haut, véritable écrin de cristaux d'aragonite et de calcite aux dimensions extraordinaires. Le gouffre communique avec un important réseau de cours d'eau souterrains qui se développe sur plusieurs kilomètres. A Limousis, la grotte occupe l'ancien lit d'une rivière qui s'est peu à peu enfoncée dans la roche pour rejoindre ce réseau. Une partie des eaux retrouve l'air libre au pied des châteaux de Lastours. La grotte est renommée grâce à la présence de nombreuses concrétions d'aragonite, constituant principal des stalactites et stalagmites. Ces concrétions forment ainsi une multitude de petites aiguilles dont la plus fameuse atteint 4 m de haut et 10 m de large.

Grottes de Limousis. *Photo G. L.*

L'abbaye de Villelongue

*L*a construction de l'abbaye cistercienne de Villelongue débute à la fin du 12e siècle, autour d'une vieille chapelle et d'un hameau. Elle devient au 13e siècle une riche et puissante abbaye, grâce aux dons de Simon de Montfort. Mais les ravages de la peste, les Guerres de Religions ainsi qu'une mauvaise gestion du domaine provoquent son déclin. En 1791, le monastère ruiné est vendu comme Bien national. Eglise, bâtiments et cloître deviennent alors grange, garage et étables, etc. Classée Monument historique en 1916, elle ouvre ses portes au public en 1984 grâce aux efforts de ses propriétaires. On peut notamment y admirer les ruines de la vaste église abbatiale, ou les vestiges du cloître, conservant des colonnes et des chapiteaux à la décoration délicate.

Photo P.DA./CDT 11.

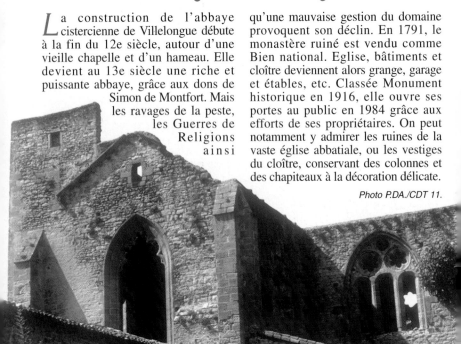

Le sentier de Saint-Martin à Villelongue

2 h
6,5 km

240 m
180 m

Situation Saint-Martin-le-Vieil, à 22 km à l'Ouest de Carcassonne par la N 113 et la D 34

Parking dans le village

Balisage jaune

Difficulté particulière

■ zone de chasse (se renseigner en mairie)

Promenade paisible et hors du temps depuis le village et le château de Saint-Martin-le-Vieil à l'ancienne abbaye cistercienne de Villelongue.

❶ Depuis le parking, suivre la D 34 et prendre de suite à gauche en montée vers le cimetière *(chemin de Saint-Antoine)*. À la bifurcation, prendre à gauche, puis à droite. Traverser une piste, puis continuer tout droit.

Geai des chênes. Dessin P.R.

❷ Prendre la route à droite. Laisser une large piste de terre qui part à droite dans les bois, et continuer sur le goudron jusqu'à un virage à gauche.

❸ Quitter la route pour prendre à droite un chemin qui s'engage dans le sous–bois ; le suivre dans les chênes verts. Traverser le « Tour de la Montagne Noire », et s'engager tout droit, sur un sentier plus large. Emprunter un large chemin à gauche.

Ne pas oublier

❹ Prendre à droite un sentier qui descend dans la forêt. Rejoindre la route à l'entrée de l'ancienne abbaye de Villelongue *(visite recommandée)*.

❺ S'engager à droite sur une large piste (« Tour de la Montagne Noire »).

❻ Au carrefour, virer à droite en montée jusqu'à atteindre un carrefour de pistes.

❼ Continuer tout droit dans le bois. Passer devant le château d'eau *(point de vue sur les Pyrénées)*. Prendre à droite un chemin dans le bois, traverser les vignes et rejoindre la route.

❽ Revenir à droite vers Saint-Martin-le-Vieil.

À voir

En chemin

■ Saint-Martin-le-Vieil : ruine du château, habitat troglodyte ■ Villelongue : ancienne abbaye cistercienne

Dans la région

■ Saissac : vieux village et château, bassin du Lampy ■ Montolieu : village du livre ■ Saint-Papoul : abbaye ■ Montréal : collégiale gothique

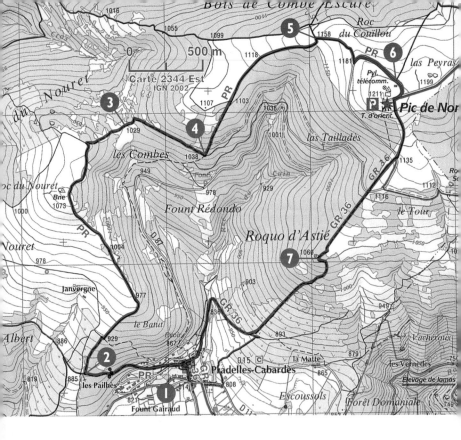

Les glacières de Pradelles-Cabardès

Montagne Noire. *Photo P. DA./CDT 11.*

*L*a production de glace naturelle est une industrie originale qui a prospéré dans le village de Pradelles-Cabardès au 19e siècle. Construites en pierre et couvertes d'une toiture de lauzes, les glacières sont bâties dans le sol sur une profondeur d'environ dix mètres. La neige y était enfouie puis tassée pendant l'hiver, la glacière devenant ainsi une véritable chambre froide. L'été venu, les hommes confectionnaient des balles de glace transportées vers les plaines de Mazamet, Carcassonne, Narbonne, où elles étaient vendues aux commerçants et aux riches bourgeois. Après la Première Guerre mondiale, ce commerce déclina lentement en raison de l'invention de la glace artificielle. Le dernier glacier pradellois cessa son activité en 1927.

Le sentier du Roc du Nouret

Ce bel itinéraire de moyenne montagne permet de rejoindre à travers hêtraie et bois de résineux, le belvédère du pic de Nore (1 211 m).

❶ Depuis la cabine télé-phonique, monter vers l'église *(sentier GR® 36 sur 200 m).*

Chevreuil. *Dessin P.R.*

Suivre la Grand-Rue, prendre à droite à la mairie puis à droite par la côte du Pech. Traverser la D 87 et suivre en face un chemin qui s'enfonce dans le sous-bois. À la bifurcation, monter à gauche *(source d'eau potable).* Continuer ce chemin jusqu'à atteindre un carrefour marqué d'une croix *(anciennes glacières, prudence).*

❷ Monter à droite sur un chemin empierré. Au carrefour, continuer à droite en montée en lisière d'une hêtraie. Après le roc de Nouret, descendre et remonter pour se diriger vers un col au pied du pic de Nore.

❸ Au carrefour, traverser une piste, et suivre dans la même direction le chemin qui, rapidement, vire à droite. La suivre jusqu'à l'intersection.

❹ Quitter la piste qui rejoint la route du pic de Nore, et emprunter à gauche un chemin raide. Le suivre en montée en lisière de bois. Laisser une piste venant de la gauche et atteindre un petit col où se trouve un carrefour.

❺ Monter vers le relais jusqu'à la route et l'emprunter à gauche pour retrouver le sentier GR® 36.

❻ Contourner les bâtiments par la gauche, puis quitter le parking par le sentier GR® 36 qui descend à gauche. Recouper deux fois la route et continuer à descendre tout droit jusqu'à la Roque d'Astié.

❼ Poursuivre dans le bois, puis en lisière. Franchir un cours d'eau et rejoindre Pradelles-Cabardès par le sentier GR® 36.

---

2 h 30
8 Km
1 211 m
820 m

Situation Pradelles-Cabardès à 34 km au nord de Carcassonne par les D 118, D 620 et D 112

Parking devant la cabine téléphonique

Balisage
❶ à ❺ jaune+pastille jaune
❺ à ❻ jaune
❻ à ❶ blanc-rouge

Difficulté particulière
■ glacières profondes et non entretenues entre ❶ et ❷
■ zone de chasse (se renseigner en mairie)

Ne pas oublier

À voir

En chemin
■ glacières ■ panorama du pic de Nore

Dans la région
■ Limousis : grotte
■ Cabrespine : gouffre
■ Caunes-Minervois : abbaye 11e-17e
■ Lastours : châteaux

Moulin à Villeneuve-la-Comptal. *Photo P. DA./CDT 11.*

Le Lauragais en terre d'Aude

Laurac. *Photo ADATEL.*

A l'ouest du département de l'Aude, le Lauragais vous offre ses trois micro-régions : le sillon Lauragais, les rondes collines de la Piège et les contreforts de la Montagne Noire.

Axe historique de communication, le Lauragais est traversé d'ouest en est par le Canal du Midi, Patrimoine mondial de l'Humanité, qui vous conduira langoureusement d'écluse en écluse à la découverte du Seuil de Naurouze, point naturel de partage des eaux entre Atlantique et Méditerranée, vous fera découvrir l'obélisque de Riquet et le Grand Bassin de Castelnaudary.

Pays de soleil, terre agricole, palette de couleurs où les verts, les roux, les bruns et les ors se marient harmonieusement, douces collines et plaines opulentes où les champs de céréales, colza et tournesols alternent avec des verdoyantes prairies et des coteaux vallonnés et boisés, les paysages et l'histoire du Lauragais vous convient à la balade.

Revivez l'histoire mouvementée à travers églises, châteaux et bastides implantés dans des lieux chargés d'histoire comme à Fanjeaux, point de départ de la reconquête catholique sur « l'hérésie » cathare.

Sur la route de l'art roman, laissez-vous enchanter par l'abbaye de Saint-Papoul fondée au 7e siècle avant de poursuivre par les églises de Baraigne, Belpech ou Cazalrenoux.

Partez à l'assaut des moulins à vent de Villasavary ou de Villeneuve la Comptal.

Arrêtez-vous à Castelnaudary où vous pourrez déguster le célèbre cassoulet et les produits du terroir : volailles, chapons, et canards gras.

Pour vous remettre de vos émotions culinaires, découvrez le Lauragais à pied, à cheval ou à VTT, découvrez le lac de la Ganguise, le sentier GR®7 et la boucle Pierre-Paul Riquet.

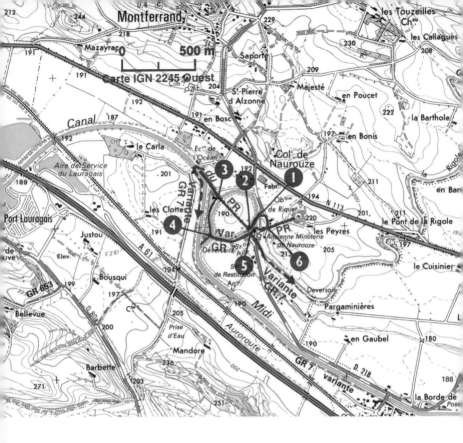

Un lien entre la mer et l'océan

Pierre-Paul Riquet, directeur de la Ferme des Gabelles, au vu du mauvais état des routes du Languedoc, entreprend de construire un canal joignant les « mers Océanes » et la Méditerranée. La difficulté consiste à franchir le seuil de Naurouze, point haut du tracé. Pour cela il faut aller chercher l'eau dans les reliefs. Une rigole est creusée pour capter les ruisseaux de la Montagne Noire et les déverser dans la vallée du Sor. Là, un autre ouvrage prend le relais jusqu'à Naurouze. Une grande réserve d'eau à Saint-Férréol complète l'ensemble.

12 000 ouvriers travaillèrent sur ce chantier de 241 km. Riquet ne verra pas son œuvre terminée ; commencé en 1667, le Canal du Midi, ne relie Toulouse à l'étang de Thau qu'en 1681, un an après sa mort.

Canal du Midi. *Photo P. DA./CDT 11.*

Le seuil de Naurouze

1 h
2,5 Km   190m ⟋ 190m

Dans le parc de Naurouze aux arbres centenaires, les eaux de la Montagne Noire se déversent dans le Canal du Midi à son point haut : la ligne de partage des eaux entre Méditerranée et Atlantique.

Situation Seuil de Naurouze, à 12 km à l'Ouest de Castelnaudary par la N 113

Parking
pavillon d'accueil

① Suivre à gauche la rigole qui contourne le bassin asséché de Naurouze. Dépasser l'ancienne minoterie et arriver à l'allée de platanes.

Feuille de platane.
Dessin N.L.

Balisage
① à ③ flèches (lettres blanches sur fond bleu)
③ à ⑤ blanc-rouge
⑤ à ① flèches (lettres blanches sur fond bleu)

Difficulté particulière

■ Prudence le long du canal

② Aller à droite entre les platanes, puis retrouver la rigole.

③ Continuer en face, passer devant la maison du garde et l'arboretum pour rejoindre l'écluse de l'Océan. Revenir sur ses pas.

③ Suivre la rigole vers la droite.

④ A l'ouvrage d'alimentation, aller à droite jusqu'au Canal du Midi, puis revenir.

④ Franchir le petit pont. Longer la partie du bassin en eau et arriver à la station de pompage. Rejoindre le débouché de la rigole.

⑤ Partir jusqu'à la prise d'eau de la minoterie, puis revenir.

⑤ Aller à droite, franchir la rigole et longer la minoterie. A l'embranchement, suivre le chemin à droite, passer devant la maison de l'Ingénieur et gagner un carrefour.

⑥ Continuer en face vers l'obélisque dédié à Pierre-Paul Riquet et faire demi-tour.

⑥ Tourner à droite et rejoindre le parc de stationnement.

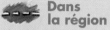
À voir

En chemin

■ pavillon d'accueil
■ Canal du Midi : écluse, ouvrages d'alimentation du canal ■ obélisque

Dans la région

■ plan d'eau de la Ganguise ■ Montferrand : vieux village, ancien phare de l'Aéropostale, site paléochrétien ■ Castelnaudary : port et écluses sur le Canal du Midi, gastronomie (cassoulet) ■ Saint-Papoul : ancienne abbaye (cloître 11e-14e)

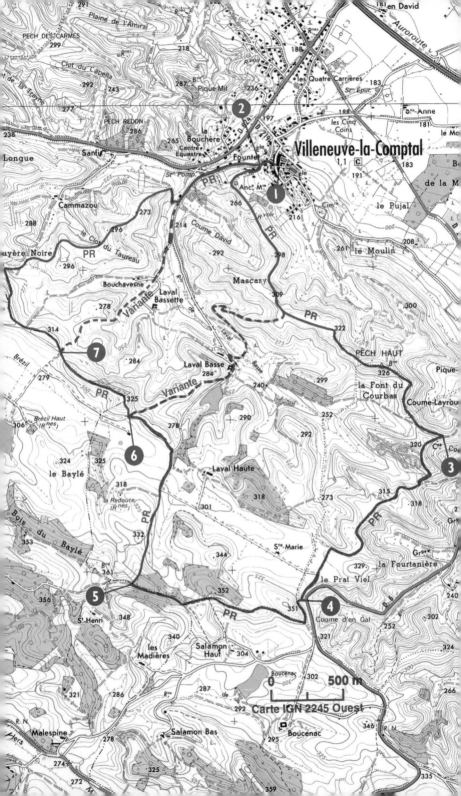

Les collines du vent

Grand parcours de crête dominant de sauvages vallons jadis cultivés, ce circuit offre de vastes panoramas allant des Pyrénées à la Montagne Noire.

3 h 15 — 12,5 km — 357 m / 202 m

① Descendre la rue de la Fontaine et tourner à gauche.

② Au foyer, suivre le chemin du Moulin *(Tour de Pays Les collines du vent)*. A gauche, passer une chicane, monter vers le moulin. Suivre un replat vers la gauche. Du col, monter en crête pour arriver au Pech Haut. Descendre un large chemin, en rejoindre un autre et continuer à gauche sur 150 m environ jusqu'à une bifurcation.

③ Monter à droite *(quitter le Tour de Pays)*. Continuer dans la même direction sur ce chemin, en descente. Atteindre une piste et la suivre à droite en montant. Traverser une décharge et atteindre un petit col. Au carrefour, continuer tout droit, atteindre un chemin goudronné et le suivre tout droit.

④ Dans le tournant avant la D 6, monter dans le talus, prendre à gauche et rejoindre une piste. L'emprunter à droite. Traverser un bosquet, et trouver un sentier herbeux qui file à droite dans les genets.

⑤ S'engager sur ce sentier qui serpente dans le bois, puis rejoint une piste agricole. A une bifurcation à hauteur d'un bois, monter à gauche sur 350 m environ, jusqu'à une nouvelle bifurcation.

▶ Variante : prendre le chemin à droite et passer Laval-Basse. Suivre la route, puis descendre par le chemin à droite. Traverser le ruisseau, monter par la piste et la quitter pour gagner la crête. Prendre à gauche pour revenir au départ.

⑥ Grimper droit devant sur un mamelon et suivre la crête le long d'une clôture.

▶ Variante : descendre à droite. Passer sous Laval-Bassette. Continuer tout droit. Franchir le pont puis emprunter la route à gauche pour revenir au départ.

⑦ Continuer sur environ 250 m. Descendre à droite contre la clôture. A la bifurcation, prendre à gauche, rejoindre un champ, traverser la haie à droite. Grimper sur une colline pelée. Au pied du mamelon, à la bifurcation, suivre le sentier à gauche, puis monter en crête sur un replat vers la droite. Suivre le sentier vers Villeneuve pour rejoindre la route. Traverser un chemin creux et rejoindre une piste. La suivre à droite. A la route, revenir à gauche vers Villeneuve.

Situation Villeneuve-la-Comptal, à 5 km au Sud de Castelnaudary par la D 624

Parking place Carnot

Balisage
① à ② jaune
② à ③ jaune-bleu
③ à ② jaune

Difficultés particulières
■ Zone de chasse (se renseigner en mairie)

Ne pas oublier

À voir

En chemin
■ moulin à vent ■ point de vue du Pech-Haut

Dans la région
■ lac de la Ganguise
■ Montferrand : Canal du Midi et seuil de Naurouze
■ Castelnaudary : patrimoine et gastronomie
■ Saint-Papoul : ancienne abbaye et cloître

Le premier vol de Clément Ader

En 1873, à l'ouest de Villeneuve-la-Comptal, entre les collines de Pique-Mil et Le Roc, le premier vol de Clément Ader marqua la naissance de l'aviation. Il décolla et pilota un planeur de 8 m d'envergure, en bois creux, entoilé et recouvert de plumes d'oie. Il raconta : « Lorsque le vent se mit à souffler modérément, l'appareil se souleva en m'emportant à 1 m ou 1,50 m approximativement et se maintint à volonté. Je pouvais le faire monter ou descendre selon l'inclinaison des ailes ». Le 9 octobre 1890 à Armainvilliers, Clément Ader, inventeur du mot « avion », réalisa le premier vol reconnu sur un engin à moteur, « Éole », qui « perdit terre, se soutint dans l'air en rasant le sol par la seule ressource de sa force motrice ».

Le pays de Cocagne

Le pastel au nom scientifique d'isatis tinctoria est une crucifère apparentée aux giroflées ou à la moutarde. Ses fleurs sont d'un beau jaune d'or, mais seules les feuilles seront utilisées dans l'élaboration de la teinture au bleu incomparable. Certainement importée d'Orient, cette plante apparut dès le Moyen Age en Lauragais, mais c'est au 15e siècle que le commerce en pleine expansion enrichit les grandes familles de cette région. La culture du pastel demande une attention rigoureuse et des manipulations compliquées au cours desquelles les feuilles seront lavées, séchées, broyées, à nouveau mouillées et compactées en boules appelées coques ou cocagnes.

La commercialisation difficile du pastel, payé trois ou quatre années après la récolte, le manque de rigueur des négociants et l'arrivée sur le marché de l'indigo, contribuèrent à l'effondrement de cette fabuleuse épopée dont il ne reste plus aujourd'hui qu'un proverbe : « Au pays de Cocagne, plus on dort, plus on gagne ».

Villeneuve-la-Comptal. *Photo P. DA./CDT 11.*

Flambé sur figuier. *Photo N. V.*

La boucle de la Ganguise

Depuis les rives de la Ganguise aux multiples couleurs, cet itinéraire paisible dans les collines de la Piège offre de larges points de vue sur le Lauragais et les Pyrénées.

❶ Tourner le dos à l'église pour traverser le village par la route. A la bifurcation, continuer tout droit jusqu'à la bifurcation suivante *(croix)*.

▶ A la croix, possibilité de continuer tout droit par une variante pour atteindre la pointe de la presqu'île *(5 km environ aller-retour)*.

❷ Prendre à gauche en légère descente.

❸ Quitter la piste pour emprunter un chemin qui descend à gauche. Remonter jusqu'à un ancien moulin. Redescendre jusqu'à la route ; la suivre à gauche en montée sur 200 m environ.

❹ Prendre un chemin à droite *(motte castrale 11e à gauche)*. Traverser la route D 517 *(prudence)* pour monter en face sur un chemin enherbé entre deux champs. A la bifurcation, continuer à monter sur la gauche. En crête, traverser un large chemin pour redescendre à gauche sur un chemin enherbé. Traverser le ruisseau de Labexen, puis remonter jusqu'à la crête pour atteindre le « Tour de Pays *Les Collines du Vent* ».

❺ Suivre cette piste à gauche. Après la ferme de Bigorre, traverser la D 33 et continuer tout droit sur un plus d'un kilomètre.

❻ Quitter le Tour de Pays pour emprunter à gauche un chemin enherbé entre deux champs. Le suivre en descente vers Molleville, franchir à nouveau le ruisseau de Labexen et remonter vers le village. Traverser la D 33 et monter tout droit pour revenir au point de départ.

Héron cendré.
Dessin P.R.

2 h
6 km

281 m
250 m

Situation Molleville, à 10 km à l'Ouest de Castelnaudary par la D 33

 Parking dans le village

 Balisage

❶ à ❺ rouge
❺ à ❻ jaune et bleu, pastille orange
❻ à ❶ rouge

Ne pas oublier

À voir

 En chemin

■ lac de la Ganguise
■ motte castrale 11e

 Dans la région

■ Montferrand : Canal du Midi et seuil de Naurouze ■ Castelnaudary : patrimoine et gastronomie ■ Saint-Papoul : abbaye et cloître 11e-14e ■ Fanjeaux : village pittoresque et point de vue

Le lac de la Ganguise

*L*a retenue artificielle de l'Estrade, plus connue sous le nom de lac de la Ganguise, construite à partir de 1977, est un plan d'eau de près de 280 hectares. Le reboisement de ses rives et la présence d'une base nautique l'ont conduit à devenir un des haut lieu régional en matière de sports nautiques. Avec 300 jours de vent par an et une moyenne à force 4, le lac est un « spot » de voile qui attire de nombreux passionnés, professionnels ou amateurs.

La base nautique est gérée par le club de Castelnaudary. Labellisée « Ecole Française de Voile », elle accueille toute l'année particuliers et groupes pour une initiation, un stage ou encore une compétition sur les nombreux bateaux de sa flotte. Le lac attire également de nombreux pêcheurs grâce à un grand linéaire de berges. Sandres, carpes et brochets cohabitent avec perches gardons, ablettes et parfois même écrevisses !

Lac de la Ganguise. *Photo ADATEL.*

Prochainement, le niveau de l'eau devrait être relevé de 7 mètres, portant ainsi la surface totale du lac à plus de 400 hectares.

Les oiseaux de la Ganguise

*L*e lac de la Ganguise abrite une zone classée en ZNIEFF (Zone Naturelle d'Intérêt Ecologique, Faunistique et Floristique). Elle constitue un important point de concentration des oiseaux hivernants. Avec un peu d'attention, on peut observer deux espèces protégées en France : le héron cendré et le martin-pêcheur. Le héron cendré, d'une hauteur de 90 cm et d'un poids allant de 1 à 2 kg, se repère facilement grâce à ses larges ailes arquées, son cou replié en S et son cri sonore et éclatant.

Il se tient immobile ou avance lentement lorsqu'il pêche. Roseaux et arbres abritent les familles de hérons qui vivent en colonies. Le martin-pêcheur est un oiseau à peine plus gros qu'un moineau, aux couleurs vives et au cri strident. On le distingue plus difficilement car il vole au ras de l'eau. Il niche dans des terriers creusés à même les berges. En été, avant la tombée de la nuit, le lac devient un paradis pour des milliers d'oiseaux qui mêlent leur concert à celui des batraciens.

Lauragais *(Photo P. DA./CDT 11)* et martin-pêcheur *(Dessin P.R.)*.

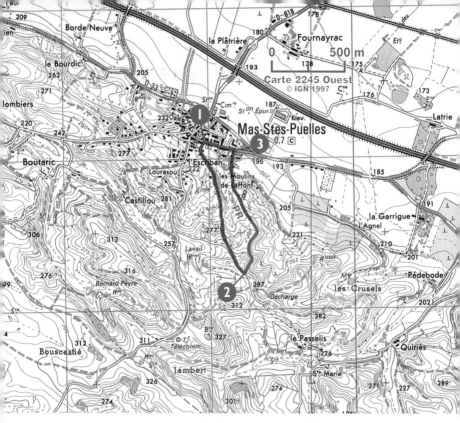

Moulins et potiers

L'histoire du Mas-Saintes-Puelles est riche d'activités artisanales. Au 17e siècle, on y comptait dix-sept moulins pasteliers, remplacés au fil des siècles par des moulins à farine et à plâtre. Les derniers se sont arrêtés en 1946, mais on peut aujourd'hui visiter les moulins dit « de Laffon », récemment restaurés ou encore celui de « Sanfi », qui abrite un oratoire dédié à saint Pierre Nolasque, fondateur de l'ordre de la Merci au 13e siècle. La tradition potière remonte quant à elle au Moyen Âge et les potiers d'aujourd'hui maintiennent leur activité artisanale, comme la poterie massogienne et la poterie Not, dont l'existence remonte à

Potier. *Photo P.DA./CDT 11.*

1858. Les pièces sont fabriquées manuellement et la visite des ateliers permet de comprendre et d'admirer ce travail traditionnel.

Le sentier des moulins-à-vent — Fiche pratique 25

287 m
196 m

À parcourir en famille, cette petite boucle offre un large point de vue sur le sillon Lauragais et une halte hors du temps au pied des moulins restaurés.

Situation Mas-Saintes-Puelles à 6,5 km à l'Ouest de Castelnaudary par la D 33

Parking près de l'école

Balisage

1 à **2** vert
2 à **1** jaune

Difficulté particulière

■ zone de chasse (se renseigner en mairie)

Genêt à Balai.
Dessin N.L.

1 Prendre, entre le calvaire et l'école, le chemin de Tubéry. Après les dernières maisons, continuer en montée en ignorant les départs latéraux. Peu avant la crête, laisser un chemin descendre à droite.

2 A côté de champs qui s'étendent à droite du chemin, prendre à gauche une piste enherbée qui revient vers le village entre les genêts. Passer devant les moulins de Laffont puis continuer en descente sur une piste qui rejoint le village.

3 À hauteur de la cave coopérative, emprunter la route à gauche pour revenir au point de départ *(vieux village et église en continuant tout droit)*.

Catananche caerulea. *Dessin N.L.*

À voir

En chemin

■ village pittoresque et église
■ Moulins de Laffont

Dans la région

■ Montferrand : Canal du Midi et seuil de Naurouze
■ lac de la Ganguise
■ Castelnaudary : patrimoine et gastronomie
■ Saint-Papoul : abbaye et cloître 11e-14e

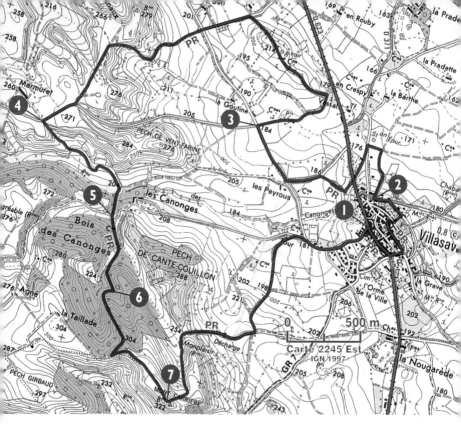

Fanjeaux et Prouilhe

Depuis le mont Carrière, sur les hauteurs de Villasavary, on découvre un vaste paysage aux reliefs tous différents. Au cœur de ce territoire, le carrefour de Prouilhe relie depuis la nuit des temps Carcassonne, Foix et Toulouse. Sur la hauteur, Fanjeaux, domine la contrée. Fortement marqué par son histoire religieuse, le village fut un haut lieu du catharisme et abrite, dès le début du 12e siècle, des communautés hérétiques. Au début du 13e siècle, saint Dominique choisit Fanjeaux et Prouilhe comme point de départ de sa prédication contre les Cathares avant

Le village de Fanjeaux. *Photo P.DA/CDT 11*

de créer, en 1215, l'Ordre des frères prêcheurs, les futurs Dominicains. Les bâtisses et monuments du village sont autant de témoins de ce riche passé historique, entre patrimoine religieux et traditions rurales.

Le bois des Canonges

3 h
10 km

322 m
176 m

Ce parcours à travers champs et sous-bois culmine au mont Carrière, belvédère offrant un large panorama de la Montagne Noire aux Pyrénées.

Situation Villasavary à 13 km au Sud-Est de Castelnaudary par les D 623

Parking avenue du Professeur-Combes.

Balisage
jaune + pastille bleue

Difficulté particulière

■ zone de chasse (se renseigner en mairie)

❶ Depuis le parking, avenue Combes, suivre la route D 623 à droite jusqu'à la rue de l'Ancienne-Porte. Monter à la Halle, longer l'église et descendre rue du Moulin par un escalier. Avant le moulin, tourner à gauche rue de la Glacière.

❷ Après un petit pont, quitter la route par un chemin qui descend à droite. En bas, prendre à gauche, jusqu'à un carrefour. Tourner à gauche vers la station d'épuration. Suivre à gauche la route sur 50 m environ pour longer, à droite, une clôture le long d'un ruisseau. Passer sous la voûte, traverser le ruisseau, et suivre tout droit en légère montée. Prendre la route à gauche. Au carrefour, prendre à droite (« Tour de Pays »).

❸ À l'intersection, suivre une piste à droite. Avant le stop, monter à gauche, passer devant le réservoir et redescendre tout droit. Au chemin goudronné, prendre à gauche. Traverser la route et continuer tout droit sur un chemin enherbé en légère montée ; le quitter à droite par un talus. A la crête, prendre à gauche (« Tour de Pays »). Continuer tout droit sur la route.

Ne pas oublier

❹ Avant le virage à droite, descendre à gauche par un chemin enherbé, et le suivre à travers champs. A la piste, tourner à droite. Franchir le ruisseau, traverser une piste et continuer tout droit pour rejoindre un chemin en sous-bois ; le suivre à gauche.

❺ Atteindre une bifurcation face à un champ, prendre à gauche et de suite à droite, le long d'un fossé, pour longer le champ. Continuer sous les arbres par le chemin principal.

À voir

En chemin

■ Village et église de Villasavary ■ moulin à vent ■ Panorama du mont Carrière

❻ Au carrefour de chemin, prendre à droite en nette montée. En crête suivre la piste à gauche. Traverser le plateau du Mont Carrière.

❼ Atteindre une piste qui descend à gauche ; la suivre, passer devant une barrière et continuer sur le chemin qui serpente entre les champs. Au carrefour, prendre à gauche. Continuer sur ce chemin. Juste après l'ascenseur d'eau *(puits utilisant l'énergie éolienne)*, prendre à droite et rejoindre Villasavary.

Dans la région

■ Villasavary : chapelle de Besplas 12e ■ Canal du Midi ■ Fanjeaux : village pittoresque et point de vue ■ Castelnaudary : monuments et gastronomie

Castelnaudary

N 0 300 m

Roads and directions:
- D 624 pour Castres
- N 113 pour Toulouse
- D 1113 vers N 113 pour Toulouse
- chemin du Progrès
- N 113
- chemin des Protestants
- D 624 pour Pamiers
- D 623 pour Limoux

Labeled locations:
- Cimetière
- Moulin de Cugarel
- Place du Cugarel
- Église St-François
- Espace Lapasset
- Jardin de la Résistance
- Groupe scolaire
- Place de la Liberté
- Place St-Louis
- l'Hôrloge
- Place du Panoulet
- Lycée
- Halle
- Place Soumet
- Place de Verdun
- Office de Tourisme
- Halle aux Grains
- Place de la République
- Hôtel de Ville
- Poste
- Groupe scolaire
- Place des Cordeliers
- Église St-Jean-Baptiste
- Collégiale St-Michel
- Notre-Dame-de-Pitié
- Présidial
- Square V.-Hugo
- Groupe scolaire
- Miséricorde
- Police
- Pont Neuf
- Piscine
- Gymnase
- Gendarmerie
- Usine
- Canal du Midi
- Pont Vieux
- Île de la Cybelle
- Grand Bassin
- Port de Plaisance
- Place des Mésanges
- Square du Docteur-Corre
- Gare SNCF
- Zone industrielle
- Écluses St-Roch

Street names (selection):
- chemin du Progrès
- rue du Nord
- rue des Champs
- rue Château-d'Eau
- rue des Moulins
- rue de la Comédie
- l'Embleul Caves
- rue des Tuiliers
- rampe des Tuiliers
- rue Jules-Massenet
- AV. M-DAUCH
- AVENUE FRÉDÉRIC-MISTRAL
- Bd Lapasset
- rue de la Fontasse
- rue Rouge
- rue de l'Arcade
- rue des Carmes
- Gambetta
- RUE DU 14e-R-I
- RUE DE DUNKERQUE
- COURS DE LA RÉPUBLIQUE
- rue du Mal.-Foch
- rue Dejean
- rue du Gal.-Lapasset
- AV. DU GÉNÉRAL-DE-GAULLE
- rue V.-Arnal
- rue du Crêt-Raynal
- rue du Dr-Mazet
- rue du Président
- rue P.-J.-Matis
- rue Arago
- rue François
- rue L.-Blum
- rue des Jardins
- rue Briane
- rue Durand
- rue Louis-
- rue Greffier
- rue Jean-
- rue René-
- rue Coty-
- rue du Cassiar
- Allée du Cassiar
- rue C.-Ader
- rue du Sol
- L. Durant
- L. Barthès
- AVENUE GEORGES-POMPIDOU
- rue Anquetil
- rue Maréchal-Leclerc
- quai du Port
- rue Prosper-Estieu
- rue Paul-Riquet
- rue de la Terrasse
- rue du Marché
- rue Pasteur
- rue Contresty
- rue St-François
- rue de la Prairie
- rue M.-Berthelot
- rue du Général-
- rue Paul-Roller
- rue des Potiers
- Chanoine
- rue du Collège
- rue Gouffrand
- rue des Remparts
- rampe du Présidial
- rue de la Baffe
- rue Porte-Vieille
- rue des Batailleries
- rue l'Hôpital
- AV. MGR-DE-LANGLE
- AVENUE DES PYRÉNÉES
- chemin des Acacias
- rue de Abreuzoy
- AVENUE FRANÇOIS-MITTERRAND
- rue de la Cybelle
- quai de Labouisse-Rochefort
- Quai Riquet
- quai de la Cybelle
- quai du Canelot
- chemin de halage
- Avenue du Maréchal-
- AVENUE ARNAUD-VIDAL
- passage des Lavandières
- avenue de la Gare
- rue Auguste-Grimaud
- rue Paul-Fourès
- rue Edmond-Combes
- rue du Général-Laperrine
- rue du Président-
- Square du Docteur-Corre

Numbered markers: 1, 2, 3, 4, 5, 6, 7, 8, 9, 10

Si Castelnaudary nous était conté...

1 h 15
5 km

209 m
170 m

Situation Castelnaudary, à 60 km au Sud-Est de Toulouse par la N 113

Parking place de la République

Balisage

① à ⑦ blanc-rouge
⑦ à ⑨ jaune
⑨ à ① blanc-rouge

Castelnaudary, capitale du Lauragais, domine la plaine du Fresquel. Ses maisons de briques, serrées autour du Présidial et de la collégiale, se reflètent joliment dans l'eau du Grand Bassin.

Depuis **l'office de tourisme** ❶ , monter à droite le long de la place de la Liberté. Traverser pour emprunter en face la rue de l'Arcade. Longer la place Saint-Louis et passer sous une porte des anciens remparts. A peu près en face, continuer rue des Moulins pour atteindre le haut de la côte et le **moulin du Cugarel** ❷ *(témoignage des 32 moulins cités au 17e siècle. Point de vue sur la plaine du Fresquel et la Montagne Noire).*

Traverser la place du Cugarel pour descendre à droite, rue de la Comédie. Tourner à gauche par les rues de l'Horloge et Grand-Rue. Après l'hôtel Latapie, prendre à droite la rue de la Terrasse pour passer près de l'**église Saint-Jean-Baptiste** ❸ *(ancien couvent des Cordeliers)*. Au bout de la rue, bifurquer à gauche, et passer sous le clocher qui enjambe, sur une arcade brisée, la rue Chanoinie.

A la **collégiale Saint-Michel** ❹ , *(construite au 13e siècle, devenue collégiale en 1318, elle possède un des plus beaux carillons du Midi. Aux alentours, ruelles tortueuses bordées de vieilles maisons à encorbellements ; hôtel de Gauzy, hôtel de Bataille...)*, suivre la rue du Collège et continuer tout droit pour atteindre le **Présidial** ❺ *(bâti au 16e, sur les ruines du château qui donna son nom à la ville, ce tribunal civil et militaire, servant également de prison, fut créé en 1554 par Catherine de Médicis, reine de France et comtesse du Lauragais).*

Longer le bâtiment. Au carrefour, continuer à droite *(à gauche, Notre-Dame-de-Pitié : boiseries sculptées à l'Italienne, piéta 16e siècle)*. Descendre par la rue des Batailleries puis passer par la Porte-Vieille. Au stop, tourner à droite, traverser par le passage pour piétons. Prendre l'escalier à gauche, puis, à droite, longer le **Grand Bassin** ❻ *(unique plan d'eau sur le Canal du Midi, port et retenue d'eau pour les 4 écluses de Saint-Roch)*. Passer le pont et tourner à gauche *(croix)* pour contourner le bassin.

Au **square du Docteur-Corre** ❼ , port du bassin *(hangar à bateaux)* quitter le sentier GR® 7 pour tourner deux fois à droite et arriver devant la **gare SNCF** ❽ par la rue Laperrine.

Continuer en face en suivant l'allée de platanes par l'avenue de la Gare. Traverser l'avenue Arnaut-Vidal, et prendre tout droit le passage des Lavandières pour atteindre le **Canal du Midi** ❾ .
▶ Jonction GR® 7.
Le suivre à droite, traverser le **Pont-Neuf** ❿ pour revenir au point de départ en suivant, tout droit le cours de la République.

À voir

 **En chemin**

■ belvédère du Cugarel
■ Présidial ■ collégiale Saint-Michel ■ Grand Bassin

 **Dans la région**

■ Montferrand : Canal du Midi et seuil de Naurouze ■ Saint-Papoul : abbaye et cloître ■ Fanjeaux : village pittoresque et point de vue ■ Saissac : château et vieux village

Le Grand Bassin

Le bassin de Castelnaudary constitue une étape majeure du Canal du Midi. Sa réalisation assura à la ville une prospérité économique qui dura près de deux siècles, notamment grâce au port, véritable plate-forme de transit et d'échanges.

Le Grand Bassin est le plus vaste plan d'eau de l'ouvrage de Riquet sur le canal : de forme ovale, il mesure 400 m de long pour 300 m de large et couvre une surface de 7 hectares.

Avec ses eaux reflétant la ville, le site témoigne de l'atmosphère des siècles passés. Depuis le 17e siècle, bien des générations de bateaux se sont succédé. L'île de la Cybèle fut édifiée en 1754, à l'entrée du bassin, pour le protéger des violentes rafales du vent d'Autan. Rive droite, le bassin abritait différents bâtiments dont un moulin et une auberge. Hommes et marchandises repartaient au matin et franchissaient les quatre écluses Saint-Roch au dénivelé de 9,50 mètres. Aujourd'hui, l'intense activité des siècles passés a disparu et le Grand Bassin est entièrement consacré au tourisme fluvial.

Cygne. Dessin P.R.

Le cassoulet

L'écrivain Anatole France parlait du cassoulet comme d'un « plat prodigieux ». On raconte traditionnellement que les origines de ce mets typique du sud-ouest remontent à la guerre de Cent Ans. On l'appelait alors Estofat. Lors du siège de Castelnaudary par les Anglais, les soldats affaiblis auraient été secourus par les villageois qui leur auraient fait don de leurs provisions. Le plat copieux ainsi cuisiné, redonnant des forces aux guerriers, serait ainsi à l'origine de leur victoire... Le cassoulet demeura longtemps un plat populaire préparé dans la cassole en terre cuite et gardé au chaud dans la cheminée. De nombreuses variantes existent aujourd'hui dans sa préparation, mais la recette traditionnelle est réalisée en ajoutant aux haricots, travers de porc, couennes, confit d'oie ou de canard, saucisse de Toulouse, légumes et épices. Si ses origines restent quelque peu incertaines, son avenir semble assuré car aujourd'hui, le cassoulet est le plat cuisiné le plus vendu en France.

Photo P.DA./CDT 11.

Castelnaudary. *Photo P.DA./CDT 11.*

Vignes en Corbières. *Photo P.DA./CDT 11.*

Corbières et Minervois : terres de liens

Boutenac. *Photo P.DA./CDT 11.*

Il est un pays où deux montagnes se rencontrent, Massif Central et Pyrénées. Comme deux grandes dames jalouses de leur situation géographique, elles étalent avec négligence et originalité les plis de leurs grandes robes minérales.

Adossé à la Montagne Noire, le Minervois éparpille en amphithéâtre ses villages au creux des serres et des coteaux viticoles. Au centre, Lézignan-Corbières s'étale sur une zone de plaine ou de faible altitude, traversée par les axes de circulation, l'Aude et le Canal du Midi. Au sud, les Hautes-Corbières font déjà partie des pré-Pyrénées : vignes pentues serrées autour du mont Tauch, prairies, hêtres et chataigners du massif de Mouthoumet, forêt du plateau de Lacamp . Bordées à l'ouest par la barrière minérale de l'Alaric, les Corbières dominent la mer à l'est (pic Saint-Victor). C'est une suite de petits plateaux, de chaînons, de ramifications isolées, émaillées de pinèdes et de garrigues, entaillées de gorges : Verdouble, Berre, Orbieu, Congoust, Terminet, etc., offrent la fraîcheur de leurs cascades et le bleu-vert des « marmites de géants ».

Minervois et Corbières s'observent, chacun renvoyant à l'autre l'image de sa condition de Piémont. Deux origines différentes et une histoire qui se superpose et se confond souvent.

Randonner de Corbières en Minervois, c'est aussi rencontrer des civilisations dont l'histoire nous a légué des vestiges, les dolmens, les petites églises romanes, l'abbaye de Lagrasse, les châteaux en Pays Cathare comme Termes, Aguilar, Villerouge-Termenès, Peyrepertuse et Quéribus, les capitelles, etc. Sans oublier le Canal du Midi, inscrit au Patrimoine mondial de l'Humanité.

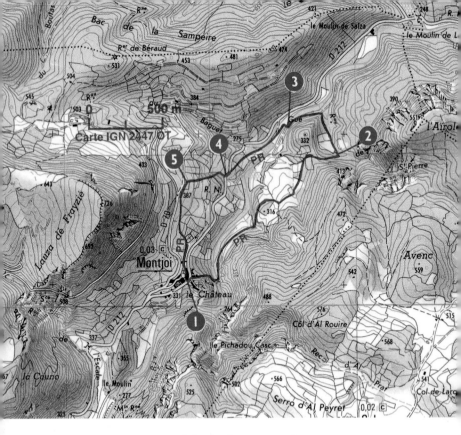

L'aigle royal

Avec sa vue huit fois supérieure à la nôtre, ses serres et son bec puissants, l'aigle joue un rôle indispensable de prédateur, participant à l'équilibre naturel. Ce rapace de 2 m d'envergure plane longuement en cercles profitant des ascendances chaudes pour s'élever sans efforts vers les hauteurs. Il peut alors descendre en ligne droite et parcourir, sur un coup d'aile, près de 10 km à 160 km/h. Il se nourrit de ce qu'il trouve, ses prises ne pouvant excéder son propre poids, 3 à 4 kg. Il ne peut donc pas emporter dans le ciel un agneau ou un enfant comme le prétend la légende ! L'homme a pourtant été la cause de la raréfaction de l'aigle : tir, poison, lignes à haute tension, varappe en aire de nidification, diminution du petit gibier, le menacent en permanence.

Montjoi. *Photo P. DA./CDT 11.*

Le sentier de l'Aigle royal

1 h 45
4 Km
387m
265m

Dominant les gorges de l'Orbieu, Montjoi est le départ d'une randonnée où l'observateur attentif apercevra peut-être le vol majestueux de l'aigle royal qui vit encore en ces lieux préservés.

Aigle royal. *Dessin P. R.*

Situation Montjoi, à 60 km au Sud-Est de Carcassonne par les N 113, D 3 et D 212

 Parking sur la place du village

 Balisage jaune

Difficultés particulières

■ Prudence en traversant le vieux pont sur l'Orbieu
■ Passage de gué en ❸
■ Zone de chasse (se renseigner en mairie)

Ne pas oublier

À voir

 En chemin

■ Village perché de Montjoi
■ vieux pont sur l'Orbieu
■ ruines de l'ancienne église de la Nativité et village déserté de Montjoi

 Dans la région

■ Termes : château 13e
■ Saint-Martin-des-Puits : église 10e-12e
■ Arques : château 14e et maison Déodat Roché
■ Villerouge-Termenès : château 13e, exposition *le monde de Bélibaste, dernier cathare occitan*

❶ Derrière la fontaine, descendre à gauche vers la rivière par une ruelle qui devient un sentier pentu. Traverser le vieux pont sur l'Orbieu *(prudence !)* et suivre le chemin à gauche qui longe la rivière à travers buis et chênes verts. A hauteur d'une clôture, le chemin commence à monter à droite. Ignorer les sentiers latéraux, passer à côté de plusieurs champs. Poursuivre sur le chemin principal en descente et rejoindre une piste.

❷ Emprunter la piste tout droit. En laisser une à droite et continuer jusqu'à un gué au bord de l'Orbieu.

❸ Franchir la rivière et quitter la piste dans le lacet pour suivre un chemin à gauche qui longe la berge. Arrivés à un champ, le contourner par un sentier qui monte à droite et rejoint la D 212 *(abri de pierres sèches à droite)*.

❹ Couper la route. En face, laisser un départ à droite pour grimper par un chemin sinueux vers le sommet de la colline. Emprunter le sentier à droite. Atteindre les ruines du vieux village et de son église, dans un enchevêtrement de murettes et de passages. En haut des vestiges, rejoindre le sentier en montant à droite d'un champ. Gagner un canal et le suivre. Au bout, gravir quelques marches sur la gauche. Longer un champ par la droite et continuer à monter le long d'une large murette sous de grands chênes verts, jusqu'à un chemin herbeux.

❺ L'emprunter à gauche en ignorant une large piste qui lui est parallèle *(vue sur Montjoi)*. Descendre vers le village. Poursuivre sur la route à hauteur du cimetière et descendre la rue à gauche de l'église pour retrouver le point de départ.

Un belvédère sur les Pyrénées

Du haut de ses 420 m, l'ermitage Saint-Victor domine les Corbières orientales. De longues crêtes calcaires surmontées de châteaux ruinés se détachent sur le fond vert de la garrigue. Quelques alignements de ceps de vigne occupent les parcelles planes dans ce relief tourmenté où les cours d'eau ont creusé de profondes gorges pour s'ouvrir un passage vers les étangs. Les damiers des marais salants y contrastent avec les courbes des bancs de sable du littoral. A l'horizon, les Pyrénées se découpent sur le ciel bleu de la Catalogne et le massif du Canigou se prolonge jusqu'à la mer. Vers le nord, l'ancienne île du massif de la Clape émerge de la plaine de Narbonne sous le regard des sombres pentes du pic de Nore, point culminant de la Montagne Noire.

Ermitage Saint-Victor.
Photo D. G.

L'ermitage Saint-Victor

**2 h
4 Km**

415m
210m

Par un sentier où seuls quelques pins et une garrigue rase arrivent à pousser sur le calcaire qui affleure, la montée à l'ermitage Saint-Victor ouvre sur l'un des plus beaux belvédères des Corbières.

❶ Au panneau d'information, s'engager sur le sentier caillouteux qui monte.

❷ Passer en contrebas d'une bergerie en ruine et gagner le creux du vallon. Laisser plusieurs sentes à droite et atteindre une zone où le calcaire affleure. La pente se redresse. Arriver au sommet du mont Saint-Victor (415 m), près des vestiges de l'ermitage *(deux tables d'orientation permettent de bénéficier d'un tour d'horizon complet sur toute la région ; prendre garde aux câbles de maintien des antennes).*

❸ Descendre les marches devant l'ermitage, suivre un petit vallon, puis gagner la crête de Cadorque, qui surplombe la vallée. Franchir quelques ressauts, s'éloigner du bord de la falaise et se diriger vers quatre pins isolés.

❹ Obliquer à gauche, puis descendre vers la bergerie en ruine

❷ Regagner le point de départ.

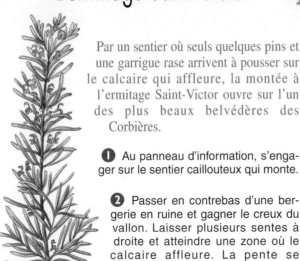

Romarin.
Dessin N. L.

Blaireau. *Dessin P. R.*

Situation Fontjoncouse, à 33 km au Sud-Ouest de Narbonne par les N 9, D 611a, D 611 et D 123

 Parking au deuxième pont sur la D 123 (1 km avant le village)

Balisage jaune

 Difficultés particulières

■ Chemins caillouteux
■ Attention aux câbles de maintien de l'antenne en ❸
■ Bords de falaises et escarpements rocheux entre ❸ et ❹ ■ Zone de chasse (se renseigner en mairie)

Ne pas oublier

À voir

 En chemin

■ ruines de l'ermitage Saint-Victor ■ tables d'orientation au sommet

 Dans la région

■ Fontjoncouse : ruines du château médiéval et église
■ Sigean : réserve africaine
■ Fontfroide : ancienne abbaye cistercienne 12e

Le siège de Termes en 1210

L'été 1210, Raymond de Termes a mis son château en défense. Par fidélité au vicomte Trencavel, son suzerain, il refuse de se rendre aux Croisés qui viennent de prendre

Béziers, Carcassonne et Minerve. L'attaque débute au mois d'août, dirigée par Simon de Montfort. Les combats sont violents : assauts et sorties se succèdent sans interruption. Au bout de trois mois, les assiégés n'ont plus d'eau. Raymond se résout à négocier, mais, la veille de livrer Termes aux croisés, un orage remplit les réserves et les combats reprennent. Cependant, les citernes polluées empoisonnent les défenseurs qui tentent une désastreuse fuite nocturne. Raymond disparaîtra dans les prisons de la Cité et le château, rebâti, deviendra une forteresse royale française.

Château des Termes. *Photo P. DA./CDT 11.*

Nitable roc

3 h 30 • 8 Km

625m / 338m

Dans un site grandiose, la montée vers ce superbe roc permet la découverte du cœur des Corbières. Ici, la nature s'accorde avec l'Histoire : rebelle, comme le fut le château de Termes en son temps.

❶ Descendre au village de Termes.

❷ Franchir la passerelle devant la mairie. Aller à gauche puis à droite entre les jardins. Atteindre le canal et le suivre à gauche jusqu'à la rivière le Sou.

❸ A la prise d'eau, monter à droite. Après un replat, redescendre vers la rive sur 150 m, puis remonter pour éviter une courbe de la rivière. Gagner la rive et continuer jusqu'au ruisseau de la Nougairole qui se jette dans le Sou à hauteur d'un gué.

❹ Remonter le ruisseau sur 30 m, en tournant le dos à la rivière et en ignorant les différents embranchements. Grimper à gauche, puis couper un sentier. Continuer à s'élever et atteindre un replat *(point de vue sur l'entrée des gorges de Caune Pont)*. Poursuivre la montée raide pour atteindre la crête au-dessus des gorges *(zone pouvant être très ventée ; attention aux à-pic ; large panorama)*. Traverser le pont naturel de la Caune *(grotte)*, puis remonter vers les falaises du Nitable. En longer le pied en montant par la gauche à travers la forêt et les éboulis jusqu'à la crête, à découvert.

❺ Suivre le sentier à droite. Traverser le plateau en laissant plusieurs départs à gauche. Passer le col et continuer dans la même direction jusqu'à un carrefour de sentiers, en lisière d'un bois, au bout du plateau.

❻ Aller à droite. Descendre un lacet à gauche puis un à droite. Longer la vallée de la Caulière.

❼ Dans la forêt, quitter le GR® 36B *(attention, bien suivre le balisage jaune)*, et suivre la clôture de la bergerie de Serre-Lairière pour rejoindre une piste.

❽ La prendre à gauche *(vue sur le rocher de Fenne Prenz - femme enceinte)* jusqu'au pied des ruines du château de Termes.

❾ Emprunter à droite une piste qui descend et ramène au village.

Situation Termes, à 61 km au Sud-Est de Carcassonne par les N 113, D 3, D 23, D 613 et D 40

 Parking à l'entrée du village

Balisage
❶ à ❷ non balisé
❷ à ❼ blanc-rouge
❼ à ❷ jaune

 Difficultés particulières

■ Escarpements et risque de vent violent entre ❹ et ❽
■ Zone de chasse (se renseigner en mairie)

Ne pas oublier

 À voir

En chemin

■ pont naturel de la Caune (grotte) ■ château de Termes 13e

Dans la région

■ Lagrasse : village remarquable et ancienne abbaye 11e-18e
■ Villerouge-Termenès : château 13e, exposition *Le monde de Bélibaste, dernier cathare occitan*
■ Arques : château 14e et maison Déodat Roché massif de l'Alaric

Un musée à ciel ouvert

L'été 1993, le sculpteur Bozo présente trente de ses créations au cœur des Corbières, dans le petit village de Mayronnes. Un sentier dans la garrigue part à la découverte de cette exposition plébiscitée par les visiteurs. La mairie acquiert alors une de ses œuvres et l'association *Hérésies*, du nom de la sculpture, voit le jour. Depuis, tous les étés, une nouvelle exposition accueille des artistes toujours plus nombreux. Grâce au dynamisme de l'association, le sentier sculpturel, devenu permanent, s'enrichit régulièrement et, tout au long de l'année, à l'angle d'une ruelle de Mayronnes ou à un détour du chemin, de nouvelles œuvres en métal, pierre, argile, bois…, invitent à la rêverie.

Exposition de sculptures à Mayronnes.
Photo P. DA./CDT 11.

Le sentier sculpturel

1 h 30
4,5 Km

377m
255m

Étonnant et féerique, au cœur des Corbières, Art et Nature se rencontrent ici dans un parcours plein de surprises et de découvertes.

❶ Prendre la rue à côté de la cabine téléphonique. Sortir du village et passer le pont.

❷ Traverser la piste et emprunter un sentier qui grimpe tout droit dans les bois sur 150 m. Laisser un sentier à gauche et continuer à monter sur 300 m. Ignorer un sentier à droite et rejoindre une large piste. L'emprunter à gauche.

▶ Variante : un raccourci à gauche mène à Mayronnes.

❸ Poursuivre sur la piste. Elle vire à droite puis à gauche, franchit un ruisseau et monte à un col *(point de vue sur les Corbières)*.

❹ Quitter la piste et descendre par un chemin à gauche. Au carrefour, continuer à droite en descente. Traverser un replat puis un terrain raviné et poursuivre sur le chemin dans la même direction jusqu'au carrefour de chemins du Serrat de la Bouzole.

❺ Descendre à gauche et longer une ligne électrique. Le sentier s'en éloigne et tourne à droite pour plonger en lacets dans la forêt. Laisser un chemin qui descend à gauche et continuer tout droit sur le sentier principal. Passer le gué sous la ligne électrique. A hauteur d'un bâtiment abandonné, le chemin s'élargit pour devenir une piste. Contourner la ruine, ignorer une piste qui descend à droite et poursuivre jusqu'à un carrefour.

❻ Tourner à gauche. Après un virage à droite, atteindre un carrefour.

❼ Bifurquer à gauche et gagner le bas de la combe Gautier. Contourner un grand champ par la gauche et monter par un chemin en lacets en ignorant tous les départs latéraux. En haut, près d'une ruine, partir à droite en crête. Franchir un petit ruisseau et poursuivre sur 30 m. A la croisée des sentiers, continuer tout droit, puis longer une vigne.

❽ Rejoindre une piste et la suivre en descente. En bas, au carrefour de pistes, emprunter celle de gauche pour arriver au pont.

❷ Le franchir et et retrouver Mayronnes.

Situation Mayronnes, à 47 km au Sud-Est de Carcassonne par les N 113, D 3 et D 41

Parking au bord de la route à l'entrée du village

Balisage
❶ à **❹** blanc-rouge
❹ à **❷** jaune
❷ à **❶** blanc-rouge

Difficultés particulières

■ Gué entre **❺** et **❻**
■ Zone de chasse (se renseigner en mairie)

Ne pas oublier

À voir

En chemin

■ exposition de sculptures
■ points de vue

Dans la région

■ Termes : château 13e
■ Lagrasse : village pittoresque et ancienne abbaye 11e-18e
■ Villerouge-Termenès : château 13e, exposition *Le monde de Bélibaste, dernier cathare occitan*
■ Fontfroide : ancienne abbaye cistercienne 12e

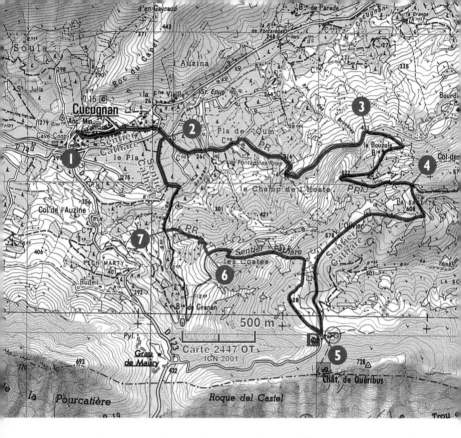

Le sermon du curé de Cucugnan

Cucugnan serait resté un village oublié des Corbières si son curé n'avait été le héros d'un conte des « Lettres de mon Moulin ». Le thème du prêtre, racontant un rêve pour ramener ses ouailles à l'église, relève des contes traditionnels. Mais en 1858, l'abbé Ruffié, curé de Cucugnan, prononça effectivement le fameux sermon. Chacun a plus ou moins en mémoire la version qu'en a donné Alphonse Daudet. Celui-ci s'est pourtant contenté de traduire, en 1869, un texte écrit en provençal par J. Roumanille deux ans plus tôt. Achille Mir eut l'idée, en 1884, de ramener le « Curé de Cucugnan » dans son cadre originel des Corbières. Cette œuvre, en vers et en occitan, adaptée en français par Henri Gougaud, est présentée au Théâtre Achille Mir à Cucugnan.

Quéribus. Photo P.DA./CDT 11.

La boucle de Quéribus

À travers rochers et garrigues, cet itinéraire relie le pittoresque village de Cucugnan au château de Quéribus, une des plus impressionnante forteresse du Pays cathare.

Gentiane de Koch.
Dessin N.L.

2 h 30
10 km

628 m
261 m

Situation Cucugnan, à 42 km à l'Ouest de Perpignan par la D 117

Parking à l'entrée du village

Balisage

1 à **2** jaune-bleu
2 à **5** jaune-orange
5 à **7** jaune-bleu

Difficulté particulière

■ Entre **6** et **7**, descente raide et glissante ■ Zone de chasse (se renseigner en mairie)

Ne pas oublier

❶ Traverser le village de Cucugnan en passant devant le théâtre Achille-Mir *(spectacle sur le Sermon du curé de Cucugnan, visite de l'église en haut du village).* Descendre tout droit, traverser la D 14, continuer tout droit sur le Sentier Cathare par un chemin goudronné entre les vignes en direction d'un oratoire.

❷ Laisser le Sentier Cathare filer à droite, et continuer tout droit en montée sur une petite route *(balisage jaune et orange)*. À la bifurcation suivante, prendre à gauche entre les vignes. Traverser un ruisseau à côté d'un carrefour et monter par le chemin goudronné du milieu. À la prochaine intersection, continuer en montée à droite toujours sur le chemin principal. Peu après le ruisseau des Bruyères, atteindre une bifurcation de deux pistes.

❸ Prendre à droite en montée. La piste effectue une série de virage en épingle à cheveux pour rejoindre la crête.

❹ En crête, traverser un passage canadien et emprunter à droite, vers Quéribus, une large piste où l'on retrouve le balisage du Sentier Cathare.

❺ Au parking du château *(architecture remarquable et larges panoramas, visite recommandée, 1 heure)*, monter à droite pour retrouver le Sentier Cathare qui se faufile dans la végétation. Le suivre tout droit en crête. À la rupture de pente, bifurcation de sentier, prendre à droite en descente.

❻ Après une longue descente, quitter le sentier par la droite pour traverser en descente abrupte une zone de terre rouge très ravinée *(attention aux glissades, passages raides en dévers)*.

❼ Rejoindre la piste ; la suivre à droite vers Cucugnan. Laisser les départs latéraux, traverser un ruisseau, et rejoindre le chemin goudronné ; l'emprunter à gauche pour repasser au point ❷ et revenir vers Cucugnan.

À voir

En chemin

■ église de Cucugnan
■ théâtre Achille-Mir
■ château de Quéribus

Dans la région

■ Duilhac : château de Peyrepertuse 13e ■ Tuchan : château d'Aguilar 13e ■ Tautavel : musée de la Préhistoire et site de Tautavel ■ Cubières-sur-Cinoble : gorges de Galamus

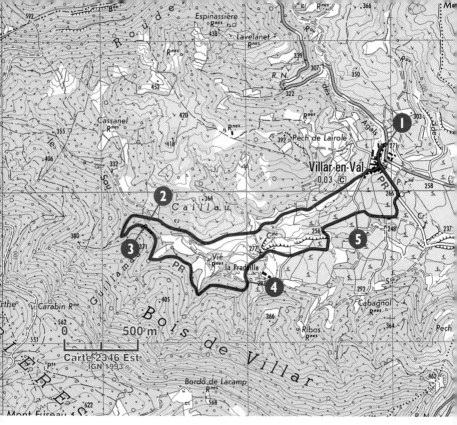

Joseph Delteil

L'écrivain Joseph Delteil est né à Villar-en-Val en 1894. Il s'installe à Paris en 1920, où sa personnalité et son style littéraire, empreints d'une grande indépendance, surprennent les milieux littéraires parisiens suscitant tour à tour enthousiasme et scandale. Son œuvre, de plus de quarante ouvrages, lui confère une place originale dans la littérature contemporaine. L'écrivain américain H.

Vignoble des Corbières. *Photo P.DA./CDT 11.*

Miller disait, « Les pages de ses livres sont pailletées d'esquilles de soleil, de lune et d'étoiles… ». Le village de Villar-en-Val veille depuis plus de 10 ans, à faire découvrir son œuvre, à travers « La Grande Delteilherie », un festival qui réunit des artistes de renommée internationale et le « sentier Delteil », où son œuvre se découvre au cœur des paysages de son enfance.

Le sentier Joseph Delteil

Une promenade littéraire dans l'œuvre de Joseph Delteil au cœur des bois de son enfance. À parcourir en sachant prendre son temps…

2 h
6 km

320 m
238 m

Situation Villar-en-Val, à 30 km au Sud-Est de Carcassonne par les N 113, D 3, D 310 et D 110.

Parking sur la D 110 à la sortie du village.

Balisage jaune

Difficulté particulière

■ Zone de chasse (se renseigner en mairie)

Ne pas oublier

❶ Depuis le parking sur la D 110, traverser le pont. Suivre la rue Joseph-Delteil puis tourner à droite, rue de la Prade. Au carrefour, continuer tout droit en montée pour prendre une piste de gravier, à la sortie du village. Suivre cette piste principale jusqu'à une bifurcation peu après s'être rapproché de la berge de la rivière.

❷ A la bifurcation, tourner à gauche sur un chemin enherbé. Continuer tout droit entre les genets, sur le petit chemin. Traverser le ruisseau et continuer à suivre le sentier dans le bois jusqu'à un carrefour.

▶ Aller-retour possible vers le « sentier à la Dame » en montée à droite *(20 min environ, mais prendre le temps nécessaire à la lecture de cette forêt poétique)*.

Continuer sur l'itinéraire principal en retraversant le ruisseau. Le sentier rejoint un chemin plus large ; le suivre à droite sur 20 m environ. Au carrefour, prendre le sentier à gauche pour atteindre les ruines de la maison des Delteil.

❸ Descendre à droite sur le sentier entre les murettes. Longer le ruisseau, puis le franchir à nouveau pour continuer sous des buis. Le chemin débouche sur un replat dégagé devant une ferme *(point de vue)*.

❹ Descendre à gauche avant la ferme en longeant un champ. En bas, prendre à droite un chemin de terre ; le suivre tout droit sans retraverser la rivière. Rejoindre ensuite une route et la suivre à gauche. Environ 100 m avant l'église, quitter la route.

❺ Prendre une piste à droite vers des bâtiments agricoles. Rejoindre la route devant l'église pour revenir vers le village.

Orchis pourpre. Dessin N.L.

 **À voir**

En chemin

■ maison natale de Joseph Delteil ■ berges du Sou ■ église de Villar-en-Val

Dans la région

■ Lagrasse : ancienne abbaye et vieux village 11e-17e ■ Termes : château 13e ■ Villerouge-Termenès : château 13e, exposition permanente ■ Ladern-sur-Lauquet : abbaye de Rieunette 11e-12e

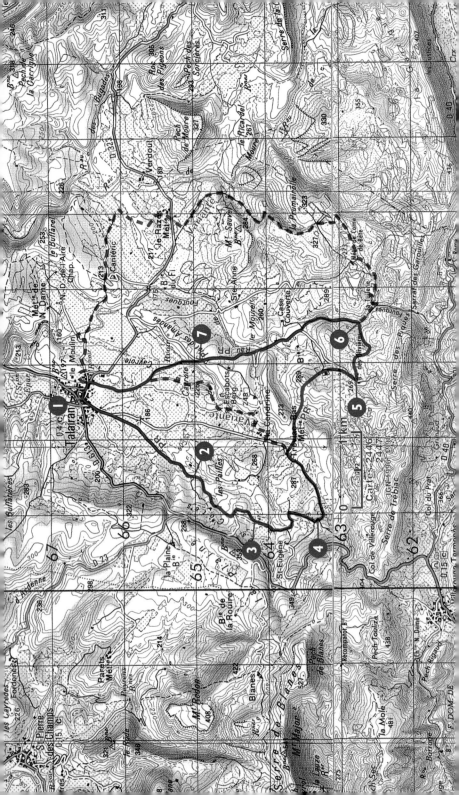

Le sentier du facteur

 Fiche pratique **34**

3 h
12 km

326 △
176 m △

La tournée du facteur, à travers vignes et garrigues, incite à la découverte des lumières, des couleurs et des senteurs des Corbières.

① Depuis la cave, prendre rue du Prieuré. Suivre la route tout droit. À la bifurcation, prendre à droite, passer sous la ligne haute tension et continuer en lacets sur le goudron.

② Avant une courbe à gauche, prendre un sentier à gauche. Traverser un ruisseau, et monter pour emprunter tout droit une piste le long des vignes. Après un virage à droite, s'engager sur un sentier qui descend à gauche. Contourner une vigne en empruntant un sentier à droite. Passer à côté les ruines d'une bergerie. Suivre le sentier à travers la garrigue sur environ 500 m. Monter à gauche vers une vigne.

③ Emprunter une large piste. Passer deux ravins avant de remonter. En haut, quitter la piste à droite le long d'une vigne vers les ruines de Treviac-Haut.

④ Longer les bâtiments par la droite, puis suivre la piste jusqu'au domaine de Treviac-Bas.
▶ À gauche, retour possible vers Talairan.
Prendre un chemin derrière le domaine. Atteindre une vigne, la contourner et trouver un sentier à gauche. Traverser un ravin, franchir un ruisseau et remonter vers la crête. Rejoindre une vigne et la longer par la gauche. Au bout, descendre à gauche sur un sentier vers la bergerie des Oliviers.

⑤ Juste après la bergerie, monter un chemin tout droit. Avant le sommet, dans un virage à gauche, le quitter pour en emprunter un autre à droite le long d'une vigne. Atteindre à gauche un verger. Trouver, en bas, un sentier qui dévale à droite. Passer le ruisseau, puis suivre le sentier à gauche jusqu'à la piste avant la Tuilerie.
▶ À droite, variante possible (*signalétique*).

⑥ Suivre la piste à gauche sur environ 1,5 km jusqu'à un carrefour, continuer tout droit sur une route, continuer sur cette voie jusqu'à ce qu'elle oblique à droite, longeant le bord du plateau.

⑦ Au carrefour, descendre tout droit par une piste, pour rejoindre une route et revenir vers Talairan.

 Situation Talairan, à 35 km au Sud-Ouest de Narbonne par les N 113 et D 613

P **Parking** à la cave coopérative

Balisage jaune

 Difficultés particulières

■ Entre ② et ⑤, bien suivre le balisage ■ Zone de chasse (se renseigner en mairie)

 Ne pas oublier

 À voir

En chemin

■ Talairan : village pittoresque, lavoir

 Dans la région

■ Lagrasse : abbaye et vieux village 11e-17e
■ Villerouge-Termenès : château, exposition permanente
■ Saint-Martin-des-Puits : église 11e, fresques 12e
■ Fontfroide : abbaye 12e-17e

La tournée du facteur

Talairan-en-Corbières est une commune qui s'étend sur plus de 3 100 hectares. Sur ce vaste territoire s'étendaient encore au siècle dernier de nombreuses « campagnes », nom donné aux fermes isolées. Les passages réguliers du facteur étaient souvent le seul lien reliant entre eux ces habitats dispersés. En blouse bleue et képi, la « Poste aux Lettres », comme on l'appelait alors, reliait les talairanais entre eux, apportant lettres et mandats. Témoin discret mais bien réel de la vie rurale, ce vaillant marcheur parcourait tous les deux jours, lors de chacune de ses tournées, environ 16 km à pied ! A Talairan, au 19e siècle, les activités économiques connaissent une croissance régulière et la tournée du postier, dépendant de Lagrasse, devint vite un service essentiel. Inlassablement, la municipalité entreprit de développer son service postal : après le télégraphe en 1895 puis le téléphone en 1903, le premier facteur-receveur est nommé à Talairan en 1904, après 53 ans de sollicitations !

Hautes-Corbières. *Photo CDT 11.*

Pas si bête, la bête

Absent du Midi de la France au début du 20e siècle, le sanglier qui affectionne particulièrement les sous-bois, a conquis le Sud au fur et à mesure de la déprise agricole. Sa capacité d'adaptation et son invulnérabi-

lité en font une espèce très prolifique et, ce ne sont pas les combats de mâles, à la période des amours, qui le déciment : leur peau très dure, épaisse parfois de plusieurs centimètres, résiste aux coups de canines les plus acérées. Le sanglier se nourrit de glands, de racines, de feuilles et, pour cela, fouille sans discernement les terres meubles, s'attirant ainsi la colère des agriculteurs.

Contrairement aux apparences, le sanglier adore être propre, aussi n'est-il pas rare de voir ce gros animal se baigner et même nager pour nettoyer ses poils drus. Les mâles adultes sont souvent solitaires alors que les laies et les jeunes marcassins vivent en hardes souvent bruyantes mais qui savent se faire discrètes lorsqu'il s'agit d'échapper aux fusils des chasseurs.

Sanglier. *Dessin P.R.*

Gorges en Hautes-Corbières *(Photo P.DA./CDT 11)* et Renard *(Dessin P.R).*

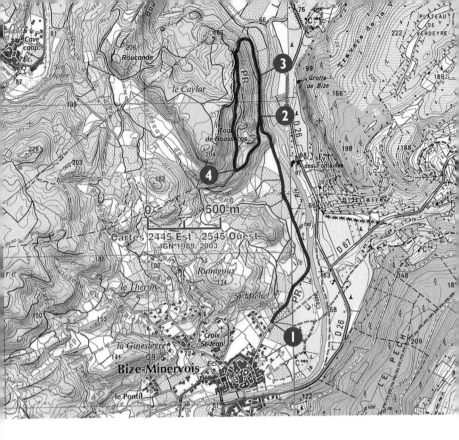

La coopérative de l'Oulibo

L a culture de l'olivier est étroitement liée à l'histoire et au paysage du bassin méditerranéen. Dans l'Aude, les oliviers sont surtout présents dans le Minervois. La coopérative oléicole l'Oulibo, (olive en occitan), a été créée en 1942. La majeure partie de la production des départements de l'Aude, de l'Hérault et des Pyrénées-Orientales y est transformée, soit 72 tonnes d'huile. La coopérative de l'Oulibo, qui dispose du seul moulin à huile industriel de l'Aude, se visite librement. A la production d'huile s'ajoute également celle des olives de table, notamment la Picholine, ferme

Photo P.DA./CDT 11.

et craquante et la Lucques, une spécialité audoise au goût fin et savoureux, ou encore la tapenade, les cosmétiques et les savons au parfum naturel et délicat.

Le sentier de Bize-Boussecos

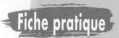

2 h
5 km

146 m
63 m

Se déroulant paisiblement le long de la Cesse, cette petite boucle, accessible à tous, associe l'ombre de la pinède à l'éclat des falaises calcaires.

Situation Bize-Minervois, à 22 km au Nord-Ouest de Narbonne par les D 607 et D 67

 Parking devant le cimetière

Balisage jaune

Ne pas oublier

Branche d'olivier. Dessin N.L.

❶ Au cimetière, suivre le chemin goudronné parallèlement à la berge de la Cesse. Au bout, gravir une rampe bétonnée pour rejoindre une piste dans la pinède.

❷ Laisser un embranchement à gauche pour continuer dans la même direction en ignorant les départs latéraux. Arriver en bord d'une vigne.

❸ Monter à gauche par un sentier escarpé *(direction la Corniche)*. Après une montée raide longer la barrière rocheuse par la gauche *(présence d'aménagements pour un parcours sportif)*. S'éloigner progressivement des barres rocheuses en descendant toujours dans la même direction. À hauteur de la tour de Boussecos, quitter le parcours sportif pour continuer tout droit sur une piste.

❹ Atteindre une autre piste et la suivre en descente à gauche.

❷ Rejoindre la piste de départ et tourner à droite pour revenir vers Bize-Minervois.

À voir

En chemin

■ Bize-Minervois : vieux village ■ berges de la Cesse

Dans la région

■ Bize-Minervois : coopérative oléicole
■ Sallèles-d'Aude : Amphoralis, musée des Potiers gallo-romains
■ Fontcalvy : ancienne grange cistercienne 13e
■ Ginestas, Le Somail : Canal du Midi

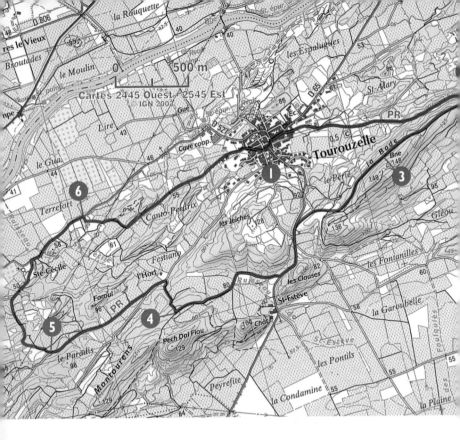

Villages du Minervois

La zone du minervois viticole est marquée par une architecture typique dont Tourouzelle offre un bel exemple. Le village est en effet rassemblé de manière concentrique autour d'un noyau ancien, au cœur duquel le bâti est à la fois très dense et de réalisation modeste. Les vestiges du château médiéval sont

La Livinière. Photo P.DA./CDT 11.

encore visibles, adossés à l'église. A partir du 18e siècle, les faubourgs se sont créés hors du noyau médiéval. On peut admirer, aujourd'hui, de belles maisons de vignerons, dont l'architecture offre une parfaite lisibilité des activités de la vie rurale et de la vie sociale des habitants. On retrouve des façades percées de portaillères, de fenestrous, et cantonnées de caves bâties en bordure des habitations.

La pinède de la Bade

Depuis le charmant village de Tourouzelle, cette randonnée offre un large panorama sur le Minervois et la Montagne Noire.

2 h 20
8 km

148 m
50 m

Situation Tourouzelle, à 26 km au Nord-Ouest de Narbonne par les N 118, D 11, D 611 et D 65

❶ Emprunter l'avenue de Lézignan pour prendre à droite, peu avant la mairie, l'ancien chemin de Tourouzelle. Le suivre jusqu'à une bifurcation *(citerne d'eau)*.

P **Parking** dans le village

❷ Monter à droite. Continuer à droite à la prochaine bifurcation, en suivant la piste principale jusqu'à une vigne.

 Balisage jaune

Pin parasol.
Dessin N. L.

❸ Monter à gauche par un sentier vers le sommet de la pinède de la Bade.
▶ Jonction possible à gauche avec l'itinéraire « pierres sèches ».
Suivre la crête, puis rejoindre la piste forestière à droite en descente. Rejoindre une piste plus large. La suivre à gauche puis la quitter rapidement en descendant à droite vers les vignes. Rejoindre la D 65 *(croix)*. La suivre à gauche en descente. Avant une borne kilométrique, quitter la route pour un chemin en montée à droite. Longer une pinède.

⚠ Difficulté particulière
■ Zone de chasse (se renseigner en mairie)

❹ Trouver à droite un sentier discret qui serpente dans la pinède *(bien suivre le balisage)*. Emprunter une petite route à gauche jusqu'à une bifurcation. Prendre à droite sur le goudron vers la ligne haute tension.

Ne pas oublier

❺ Juste avant un gué, quitter la route pour prendre un chemin entre une vigne et un ruisseau. Atteindre rapidement une bifurcation et prendre à droite en montée. Passer sous la ligne HT en suivant de petits sentiers *(bien suivre le balisage)*. Franchir une petite crête et redescendre jusqu'à une route ; la suivre à droite. Prendre la D 527 à droite *(chapelle Sainte-Cécile)*.

À voir

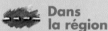
En chemin

■ village de Tourouzelle
■ chapelle Sainte-Cécile

❻ Quitter la route, à hauteur d'un pylône, pour un chemin à droite entre les vignes et repasser sous la ligne HT. Emprunter à gauche un chemin bordé de murettes. Suivre une route à gauche. Dans le village, grimper les escaliers au pied de l'église. Après la rue des Templiers, descendre à droite rue de l'Eglise. Prendre à gauche vers le point de départ.

Dans la région

■ Rieux-Minervois : église romane 12e ■ Lagrasse : vieux village et abbaye 11e-17e ■ Fontfroide : abbaye 12e-17e ■ Sallèles-d'Aude : Amphoralis, musée des Potiers gallo-romains

La tour Barberousse à Gruissan. *Photo P.DA./CDT 11.*

Le Pays de la Narbonnaise

L a randonnée permet de découvrir la multiplicité des visages de la Narbonnaise à travers des panoramas exceptionnels.

Les Corbières-Maritimes dominent l'ensemble du Pays : le système lagunaire, la Clape, la Méditerranée, et, plus au loin, se découpent le mont Canigou et les contreforts du Massif Central.

Les falaises de Leucate offrent, au sud du littoral, des fonds marins convoités par les plongeurs, et un plateau forgé par le pastoralisme et la viticulture. Au nord, le massif de la Clape alterne vues sur la Méditerranée et vues sur les lagunes.

La diversité des paysages, la richesse de la biodiversité et une luminosité sans cesse changeante assurent une découverte des étangs tout aussi surprenante : îles, salins, villages de pêcheurs côtoient un relief accidenté et aride propice à la garrigue et à la vigne.

Etape majeure de la migration des oiseaux, ces étangs font le bonheur des ornithologues. Le sentier du golfe antique, propice à leur observation, évoque également l'ancien port de commerce romain ouvert sur la Méditerranée. C'est là le défi que la Narbonnaise relève magnifiquement : l'activité humaine participe à la diversité des espaces naturels.

Le canal de la Robine parcourt le Pays de la Narbonnaise du Canal du Midi à Port-la-Nouvelle. Il est une invitation à la promenade, à pied ou à vélo, d'abord à l'ombre des platanes puis flirtant avec les étangs, il offre des paysages inédits.

L'architecture saura également vous surprendre : l'abbaye de Fontfroide, l'ensemble monumental de Narbonne, les vestiges de l'antique via domitia, etc. Soucieux de préserver un équilibre fragile entre activités humaines et biodiversité, un Parc Naturel Régional a été créé.

Les espaces naturels du littoral sont fragiles. Le camping, les feux, les véhicules à moteur et la cueillette des plantes y sont interdits. Respectez-les !

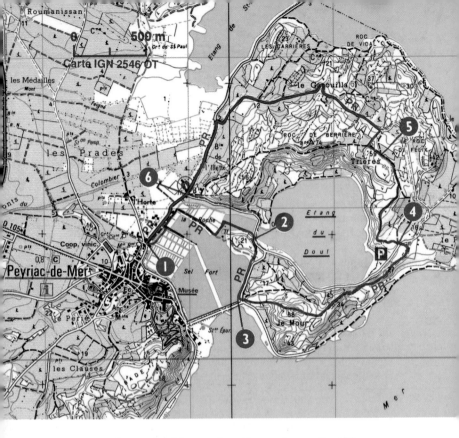

Les salins de Peyriac-de-Mer

Les pêcheurs exploitent aussi les étangs.
Photo P. DA./CDT 11.

Les salins du littoral audois sont connus depuis l'Antiquité. Celui de Peyriac, exploité par de riches marchands dès le 14e siècle, connaît son apogée vers 1550. Le sel, complément alimentaire indispensable, permet la conservation des denrées périssables et le tannage des peaux. Très taxé, il était sous le contrôle strict du visiteur général des gabelles. La faible superficie du salin de Peyriac entraîne sa fermeture en 1967. Racheté par le Conservatoire du Littoral, il est devenu un paradis pour quantité d'oiseaux qui y résident en permanence. Aujourd'hui, les salins de La Palme, Gruissan et Port-la-Nouvelle produisent du sel destiné au salage de routes. Parallèlement, l'exploitation de la fleur de sel prend son essor sur l'île Saint-Martin.

L'étang du Doul

Parcourez sur des passerelles en bois l'ancienne saline de Peyriac-de-Mer, pour suivre ensuite le sentier entre les étangs du Doul et de Bages, au cœur d'une riche flore méditerranéenne.

Flamant rose. *Dessin N. V.*

2h20
7 Km

59m / 0m

Situation Peyriac-de-Mer, à 12 km au Sud de Narbonne par les N 9 et D 105

 Parking rue de la Saline (près du monument à la Viticulture)

Balisage

❶ à ❸ non balisé
❸ à ❶ jaune

 Difficultés particulières

■ Prudence sur les passerelles au milieu de la saline, entre ❶ et ❷
■ Risque de vent violent

Ne pas oublier

❶ Du monument à la viticulture, emprunter les passerelles de bois du sentier d'interprétation de la saline. Gagner le bord de la saline et la longer. Suivre la digue à droite, puis le réseau de passerelles *(découverte des bassins, chenaux, digues et vannes de la saline)* jusqu'au bord de l'étang du Doul.

❷ Ne pas prendre le large chemin au bord de l'étang, mais s'engager à droite sur un sentier qui gagne de la hauteur grâce à quelques marches. Redescendre, traverser deux chenaux, puis longer la saline jusqu'à la route.

❸ Aller à gauche, traverser la route et monter par un sentier raide au sommet du Mour *(58 m ; vue sur les étangs et le massif du Canigou)*. Suivre la crête entre les étangs du Doul et de Bages, puis obliquer vers la gauche en descente et rejoindre une route *(en contrebas plage du Doul)*.

❹ Traverser la route et continuer par un large chemin. Au bout, monter à droite et surplomber l'étang. S'en éloigner, atteindre un chemin et le prendre à gauche jusqu'à la fourche.

❺ Aller à gauche en légère montée, puis suivre le sentier à droite. Emprunter le large chemin à gauche entre les vignes. Il devient route, puis descend vers la D 105. La prendre à gauche et arriver aux tennis.

▶ Le chemin à gauche permet d'accéder aux berges du Doul.

❻ Continuer sur la D 105.

▶ Variante : possibilité d'emprunter le sentier de la saline, à gauche au panneau d'entrée du village, pour éviter la route et rejoindre le parking.

Poursuivre sur la route et retrouver le parking.

À voir

En chemin

■ Peyriac-de-Mer : saline (bassins, chenaux, vannes)
■ végétation spécifique des milieux salés ■ nombreux oiseaux marins et migrateurs
■ vue sur les étangs, le massif de la Clape et les Pyrénées

Dans la région

■ étangs ■ Gruissan : tour Barberousse, maisons sur pilotis ■ Sigean : Réserve Africaine ■ Narbonne : monuments romains et médiévaux, musées

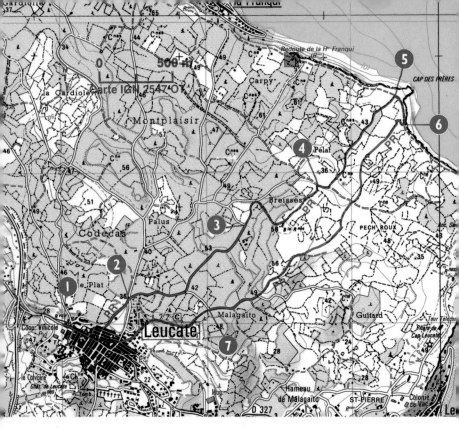

Un monde marin à côté de la mer

Etang de Leucate. *Photo P.DA./CDT 11.*

L e littoral méditerranéen abonde d'étangs saumâtres dont celui de Leucate est un parfait exemple. Ce lac marin de 7 000 hectares, fermé par le lido (cordon de terre formé par un dépôt d'alluvions) où se sont bâties les stations balnéaires des années 1960, est un e x t r a o r d i n a i r e réservoir de vie. Peu profond, relié à la mer par le grau (passage), l'étang se réchauffe plus vite qu'elle au printemps, multipliant ainsi la prolifération des plantes et phyto-planctons et attirant de nombreux animaux marins ; poissons, seiches et autres méduses viennent s'y nourrir. Les oiseaux migrateurs font naturellement étape sur son rivage afin de s'y reposer tout en bénéficiant de cette nourriture abondante.

Le plateau de Leucate

2h20
7 Km

53m
23m

Protégé depuis 1986, ce site offre, avec sa falaise de 50 m, un balcon sur la mer unique en Languedoc. Biotope exceptionnel, on y observe les migrations d'oiseaux et il s'y développe une flore rare.

Thym. *Dessin N. L.*

Situation Leucate, à 36 km au Sud de Narbonne par les N 9 et D 627

 Parking à la cave-coopérative de Leucate

Balisage roue de charrette sculptée

 Difficulté particulière

Attention à la falaise entre **5** et **6**

❶ Remonter à droite la Grande Rue. Traverser à gauche la place du Foyer, suivre à droite la rue des Vignerons puis à gauche la ruelle qui monte vers l'ancien moulin, jusqu'au croisement.

❷ Prendre la route à gauche *(panneau site inscrit)* sur 40 m, puis la route à droite sur 400 m. Laisser une voie à droite et poursuivre par la route sur 700 m jusqu'à un virage à gauche en angle droit.

❸ Continuer tout droit par le large chemin. Au contact de la route, partir à droite vers une ruine sur un chemin. Il se transforme en sentier peu marqué et descend à une petite route.

▶ Variante : prendre la petite route à gauche sur 100 m, puis un chemin de terre tout droit. Au croisement, suivre la route à droite sur 30 m et reprendre le chemin à gauche. Couper une deuxième route. Au troisième croisement, emprunter la route à gauche vers Leucate.

❹ Prendre la petite route à droite sur 100 m, puis s'engager à gauche sur un chemin de terre qui devient un sentier. Parvenir au chemin des Douaniers en avant de la falaise *(point de vue)*.

❺ Suivre ce large chemin à droite en direction d'un cap sur 350 m.

❻ S'engager à droite sur un sentier peu marqué et déboucher sur la petite route. La couper et poursuivre tout droit sur le sentier. Franchir un mur de pierres par un passage étroit et continuer sur le chemin. Emprunter la route à droite.

❼ Au terme d'une longue ligne droite, partir sur le chemin de terre à gauche. Dans le virage en épingle, s'engager tout droit sur le sentier et poursuivre par le chemin qui arrive aux premières maisons du village. Retrouver la Grande Rue et regagner la cave coopérative.

Ne pas oublier

À voir

 **En chemin**

falaises du Cap des Frères
oiseaux migrateurs
constructions en pierres séches

 **Dans la région**

étangs Sigean : Réserve Africaine Gruissan : tour Barberousse, maisons sur pilotis

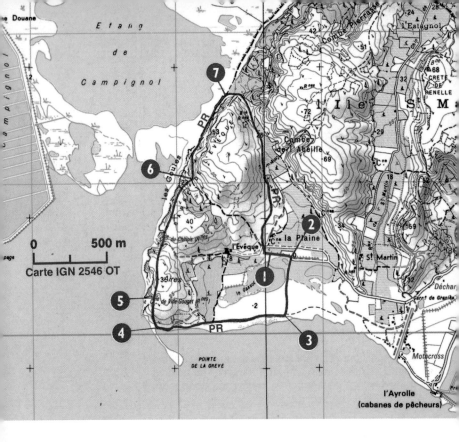

Le cimetière marin des Auzils

Un lien étroit associe le cimetière marin des Auzils à la vénération portée à la chapelle. Les cénotaphes (tombes sans corps) évoquent la Syrie, Hongkong ou Colombo. Cet exotisme ne nous arrache pas au souvenir de tous ces enfants de Gruissan perdus en mer, dans des combats, des voyages lointains, des tempêtes. Le plus ancien des 26 cénotaphes date de 1844. Le site offre à ces stèles un havre de paix mais non de tristesse. Le chant des cigales et le vent qui balance la cime des cyprès viennent animer doucement la quiétude des lieux. Le chemin pentu mène à l'ermitage d'où Notre-Dame-des-Auzils *(du Secours, auxilium en latin)* continue à veiller sur les marins, pour l'éternité.

Gruissan. Photo P. DA./CDT 11.

D'après les « sentiers de Gruissan », Conseil Général de l'Aude

Le sentier des Goules

2h40
8 Km

40m
0m

En longeant la côte par l'altière Barre de l'Évêque, le sentier des Goules permet de découvrir un très pittoresque rivage lagunaire flanqué de calanques abruptes.

Chêne-kermes.
Dessin N. L.

Situation Ile-Saint-Martin (commune de Gruissan), à 17 km au Sud-Ouest de Narbonne par la D 32

Parking à 100 m de l'entrée du domaine de l'Évêque

Balisage jaune

Ne pas oublier

❶ Revenir en arrière par la piste d'accès au château Caveau-Bel-Évêque, en marchant vers l'Est en direction de Gruissan, sur 200 m.

❷ Prendre le chemin à droite. Continuer au Sud pour atteindre l'étang de l'Ayrolle.

❸ Longer l'étang à droite *(vue lointaine sur le Canigou)*. Dépasser un mirador de pêcheurs et poursuivre jusqu'à hauteur du point de départ de l'étroite bande de sable appelée pointe de la Grève, qui coupe l'étang.

❹ Virer à droite en utilisant le sentier qui s'élève sur la butte en direction de la modeste cabane de Vide-Gousset. Devant la cabane, le sentier se divise en deux branches.

❺ Aller à gauche et cheminer sur le plateau *(remarquer plus loin, dans un creux, au bord de l'étang, les ruines de la cabane du Chinois)*. Laisser un chemin à droite et poursuivre tout droit, en longeant la Barre de l'Évêque.

❻ Franchir un vallon boisé, ignorer la piste d'accès à droite et suivre le large chemin qui continue vers le Nord, à flanc de colline. Redescendre au ras des marécages. Dépasser une table de pique-nique.

❼ Contourner, en allant à droite, la pointe rocheuse de la Barre de l'Évêque, puis remonter un vallon boisé et poursuivre plein Sud pour retrouver le point de départ.

À voir

En chemin

■ point de vue sur les étangs, le massif de la Clape et les Pyrénées ■ végétation spécifique des milieux lagunaires ■ nombreux oiseaux migrateurs et marins

Dans la région

■ Gruissan : tour Barberousse, habitations sur pilotis ■ Sigean : Réserve Africaine ■ massif de la Clape (le plus vaste site classé du Languedoc-Roussillon) ■ Narbonne : monuments romains et médiévaux, musées

© Fédération Française de la Randonnée Pédestre - Reproduction interdite

Narbonne

N

0   100 m

R. de Blida
Bd Condorcet
Square Blum
AV. SERMET
R. P.-Viala
Rue d'Isly
AV. KENNEDY
Plan St-François
Valmy
Rue de
Suffren
Rue

DE-GAULLE
GÉNÉRAL-
Station Œnologique
Garibaldi
Marcano
DU
Police
P.-Benet
Palais de Justice
Sous-Préfecture
Mosquée
Félix-
Aldy

C.E.S.
Rue des Trois-Moulins
École
Rue de l'Anc.
Porte-de-Béziers
École
8 P
Centre Médical
Rue
Cour de Janote
9 Église St-Sébastien
Place de Lapeyrade
Pelouze
Gabriel
Sèche
France
Gabriel
Littré
Poste
GAMBETTA
Paul-Louis-Courier

Av. du Maréchal- Foch
Place Bistan
R. Girard
R. Michelet
Cloître
R. du Collège
Droite
R. Horreum
Maison de l'Aumône
Rue Bonnel
R. Violet-le-Duc
Rue Louis-Blanc
Rue
Place de Verdun
Rue de la Major
BOULEVARD
des-Cébales
R. de l'Arc-Pot-
QUAI VICTOR-HUGO

R. Faubert
R. de l'Isle
6 Capitole
Collège Sévigné
Neuve
M.- Sembat
4
la Poudrière
Pge
Rossel
Barbès
Déymès
R. A.- Gauthier
R. Rodiez
Place Salengro P
5
7
Cathédrale St-Just
l'Arc.-Courier
Place de la République
Pont de la Liberté
QUAI VALLIÈRE

MISTRAL
FRÉDÉRIC-
Porte-
l'Ancienne-
Office de Tourisme
Chennebier
Rue de
Rue de
Jean-
Place de l'Ancre
3
Pge de l'Ancre
2
1
Place de l'Hôtel de Ville
10
Cours de la République
Promenade des Barques
la Robine
Monument aux Morts
11
QUAI FERROUL

N 9, vers Béziers
BD L.-AUGÉ
BOULEVARD
Rue
Rue
Jaurès
Palais des Archevêques
Bibliothèque
Dillon
Canal de la Robine
C.E.S.
Pont-des-Marchands
Place des Pigeons
R. des 3-Pigeons
Rue du
Raspail
Mirabeau
Cours
Cours É. Zola
Place Dugeon
R. Jacobins
Halles
Anc. Église N.-D.-de-Lamourguier
12
BOULEVARD DU Dr-

Quai
Pont Voltaire
l'Escoute
Pt de la Concorde
Chambre de Commerce
JOFFRE
Rabelais
Rue de la
Quai
17
R. d'Évêché
R. Faure
R. Parerie
R. Belfort
16 P
Place des Quatre-Fontaines
R. de la Monnaie
Rue
Cabirol
Maternelle
R. de Lamourguier
R. de
Place Lamourguier
Place V.-Hyspa
Rue des Tanneurs
R. des Fossés
13
BOULEVARD DU DOCTEUR- LACROIX

Pompiers
Gendarmerie
Rue Paul-Vieu
École
AVENUE CHARLES-TRENET
PYRÉNÉES
DES
MARÉCHAL-
Place Voltaire
Av. Karl- Marx
Arago
R. Vallès
École
Rabelais
Rue de
Rue Hoche
Rue Cassaignol
Rue des Trois-Nourrices
R. des Trois-Nourrices
14 Maison des Trois-Nourrices
Rue J.-Longuet
Rue Rochereau
R. Denfert-
R. de Belfort
Place V.-Hyspa
Marassan
Rue
C.E.S.
Molière
Rue

BOULEVARD DU Gal- LECLERC
AV. DE TOULOUSE
Place des Pyrénées
AVENUE
15 Basilique St-Paul-Serge
Rue de l'Hôtel- Dieu
Hôpital de l'Hôtel-Dieu
P
DU
BOULEVARD de la Résistance
Jardin des Martyrs de la Résistance
Place de l'Appel-du-18-Juin
R. de Mazargan
Racine

N 113, vers Carcassonne

N 9, vers Perpignan

Narbonne : vingt et un siècles d'histoire

2 h
4 Km

13m
9m

L'ensemble monumental de Narbonne constitue un véritable joyau au cœur de cette ville d'art et d'histoire dont l'origine remonte à 118 avant Jésus-Christ.

Ciste Blanc.
Dessin N. L.

Situation Narbonne, à 86 km au Sud-Ouest de Montpellier par l'A 9

Parking
Mirabeau
(payant)

 **Balisage**
panneaux sur les principaux monuments

De la **place de l'Hôtel-de-Ville** ❶ *(ancien palais des Archevêques avec son donjon 14e ; au centre de la place, tronçon de la via Domitia, 120 av. J.-C., qui reliait Alpes et Pyrénées)*, s'engager dans le passage de l'Ancre. Voir à droite la cour de la Madeleine et le **cloître de la cathédrale Saint-Just** ❷ *(14e, inachevée ; entrée de la cathédrale par le cloître)*.

Emprunter à droite la rue Fabre, traverser la **place Salengro** ❸ et longer l'Office de tourisme.

Après le jardin, gagner à gauche la **Poudrière** ❹ *(16e)*. Revenir **place Salengro** ❸ et descendre rue Gauthier jusqu'au n° 4 *(où se trouvait l'école de musique de la cathédrale)* et au n° 5 *(ancienne maison canoniale)*. Revenir sur ses pas, prendre la rue Rouget-de-Lisle *(au n° 3, hôtel particulier)*. Continuer jusqu'à l'**Horreum** ❺ *(entrepôt souterrain pour les céréales, du latin "grenier", 1er avant J.-C.)*.

Passer rues Deymes à gauche et du Capitole à droite, pour voir le **collège Sévigné** ❻ . Revenir sur ses pas. Suivre les rues Faubert à gauche, Rouget-de-l'Isle à droite, Maréchal et Diderot à gauche et aboutir rue Droite *(ancienne Via Domitia)*. L'emprunter jusqu'au n° 67 pour voir la **maison de l'Aumône** ❼ *(cour intérieur)* et au n° 63 *(maison romane)*.

Remonter la rue Droite jusqu'à la place Bistan ❽ *(partie du forum romain, quelques vestiges du Capitole)*. Traverser la place vers la rue de l'Ancienne-Porte-de-Béziers, à droite. Tourner à droite, rue Michelet et atteindre l'**église Saint-Sébastien** ❾ *(15e ; sur l'emplacement présumé de la maison natale du saint ; à gauche, église des carmélites)*.

À voir

En chemin

■ ancienne cathédrale et monuments médiévaux, Horreum romain (entrepôts), musées des Beaux-Arts et musée archéologique (dans l'ancien palais des Archevêques), musée lapidaire (dans l'ancienne église N.-D.-de-Lamourguier), vieille ville et façades anciennes

Dans la région

■ massif de la Clape (le plus vaste site classé du Languedoc-Roussillon)
■ Sallèles-d'Aude : Amphoralis, musée des Potiers Gallo-Romains
■ Sigean : Réserve Africaine
■ Fontfroide : ancienne abbaye cistercienne 12e

Poursuivre par la rue Louis-Blanc *(ancien quartier noble)*. Déboucher rue de l'Ancien-Courrier *(où se trouvait un des plus anciens quartiers juifs de Gaule)*. Regagner la **place de l'Hôtel-de-Ville** ❶ .

Partir à gauche vers la **promenade des Barques** ❿ *(allusion au port fluvial disparu en 1320 lors du changement de lit de l'Aude qui passe depuis, 7 km au Nord)*. Traverser la Robine par la passerelle. Sur le cours Mirabeau, tourner à gauche et gagner les **halles** ⓫ *(1901)*. Prendre la rue Emile-Zola et gagner l'**ancienne église Notre-Dame-de-Lamourguier** ⓬ *(musée lapidaire romain)*.

Traverser la place et continuer rue de Belfort. Emprunter à gauche la rue du Luxembourg, traverser la place Hyspa et prendre à gauche le **boulevard Lacroix** ⓭ *(murailles 16e, pierres romaines)*. Suivre à gauche les rues des Remparts et Denfert-Rochereau, traverser la rue du Luxembourg et arriver à la **maison des Trois-Nourrices** ⓮ *(1558)*.

Continuer rue de l'Hôtel-Dieu et gagner la **basilique Saint-Paul-Serge** ⓯ *(premier évêque de la ville)*.

Revenir sur ses pas, prendre à gauche les rues Rabelais et Hoche. Au bout, tourner à droite, rue Cassaignol. Traverser la place, poursuivre en face, puis à gauche dans la rue Cabirol. Aller à gauche et traverser la **place des Quatre-Fontaines** ⓰ . Continuer à gauche, rue Faure, puis à droite, rue de l'Étoile. Emprunter à gauche le **quai Dillon** ⓱ et franchir la Robine. Tourner à droite dans la rue Jean-Jaurès pour retrouver la **place de l'Hôtel-de-Ville**.

Charles Trénet

C'est le 18 mai 1913 que Charles Trénet naît à Narbonne, où il passe une partie de son enfance, entre plages et arrière-pays. Cette période sensible de l'enfance laissera une empreinte profonde dans ses souvenirs. Associant swing et poésie dans la chanson moderne, l'artiste savait avec humour, tendresse et fantaisie, restituer talentueusement l'esprit de son pays. Des œuvres comme « Narbonne mon amie », « Nationale 7 » ou encore « La Mer », chanson écrite lors d'un trajet en train entre Narbonne et Carcassonne, évoquent son attachement à sa ville natale.

En 1990, il vend sa maison à la ville de Narbonne qui décide d'ouvrir un musée en hommage au chanteur. Charles Trenet s'éteint le 19 février 2001, laissant une œuvre impressionnante et variée, faite de plusieurs centaines de chansons, films et romans.

Narbonne, ville romaine

*E*n 118 avant J.-C., Rome implante deux mille colons dans la « *Colonia Narbo Martius* » au cœur d'une riche région côtière. Un commerce florissant contribue vite à faire de Narbonne la première cité romaine de Gaule. La ville comptait alors 100 000 habitants. Aujourd'hui les traces de ce riche passé sont présentées au musée archéologique. On y découvre un ensemble impressionnant de mosaïques et de fresques, issues d'une villa gallo-romaine : le Clos de la Lombarde. Des objets plus intimes nous restituent le quotidien des Narbonnais d'alors. En ville, l'horreum, seul monument antique conservé, donne une idée de l'importance du commerce ; les marchandises les plus diverses étaient stockées dans ce vaste entrepôt. Le musée lapidaire conserve lui aussi un impressionnant ensemble de pierres sculptées. En 1997, place de l'Hôtel-de-Ville, un tronçon de la Via Domitia fut mis au jour, rappelant aux Narbonnais que leur ville était déjà un important carrefour d'échanges et de cultures.

Palais des Archevêques et Via Domitia. *Photo P. DA./CDT 11.*

La boucle de Roquefort-des-Corbières

4 h 30
17 km

393 m
51 m

Cet itinéraire en pleine garrigue parsemée des vestiges d'une activité pastorale disparue, s'ouvre sur d'immenses panoramas depuis le littoral jusqu'aux Pyrénées.

Situation Roquefort-des-Corbières, à 22 km au Sud de Narbonne par les N 9 et D 66

❶ Suivre la rue des Trois-Moulins *(Sentier Cathare)*. Au bout de la rue, tourner à droite rue Cami-del-Bosc. Continuer sur 800 m environ dans la même direction sur le chemin de la Triolle.

Parking place du Marché

❷ Quitter le Sentier Cathare, continuer environ 20 m dans la même direction et prendre un chemin sur la gauche entre les vignes. Au bout, prendre un sentier qui grimpe tout droit. Rejoindre une large piste et l'emprunter à droite, le long de la conduite de gaz. Rejoindre un carrefour et prendre une piste à droite vers le relief. A hauteur de la ruine d'une bergerie, monter à gauche vers la crête sur environ 300 m *(bien suivre le balisage)*.

Balisage

❶ à ❷ jaune-bleu
❷ à ❺ jaune
❺ à ❶ jaune-bleu

Difficulté particulière

◼ Zone de chasse (se renseigner en mairie)

❸ Quitter la piste pour prendre un sentier qui grimpe à gauche. Rejoindre le bout d'un large chemin et prendre à droite. Retrouver la piste et l'emprunter à gauche en montée. Après le point culminant de l'itinéraire, redescendre sur la même piste jusqu'à l'extrémité d'un plateau.

Ne pas oublier

❹ Quitter la piste par la gauche pour prendre un sentier qui descend dans un petit vallon. Atteindre une vigne ; la contourner par la gauche *(aller-retour vers des bornes milliaires)*. Suivre une piste qui monte à droite. Atteindre la jonction avec une autre piste *(Sentier Cathare)*.

À voir

En chemin

◼ nombreux vestiges agro pastoraux ◼ bornes milliaires

❺ Prendre à droite. Quitter la piste principale pour une autre piste à gauche. Continuer dans la même direction pour revenir à Roquefort-des-Corbières.

Dans la région

◼ Portel-des-Corbières : site éolien, Terra Vinea, Notre-Dame-des-Oubiels 14e
◼ Sigean : réserve africaine, oppidum de Pech-Maho
◼ Etang de Bages et de Sigean
◼ Fontfroide : abbaye 12e-17e

Santoline.
Dessin N. L.

La garrigue

*A*u sud du département s'étendent les Corbières, marquées par un climat méditerranéen très contrasté. Celui qui traverserait trop vite cette contrée n'en retiendrait que ses évidences ; vignobles réputés, paysages minéraux, patrimoine bâti d'exception. Les Corbières offrent pourtant une biodiversité et une richesse floristique et faunistique remarquables. La végétation se caractérise par un paysage de garrigue, conséquence de l'activité humaine. Cette garrigue se compose essentiellement d'une végétation basse, faite d'arbustes et arbrisseaux. Thym, romarin, lavande, mais aussi chêne kermès, genévrier, buis, composent ce paysage végétal aux accents parfumés. De nombreuses espèces d'oiseaux ont également été recensées et protégées dans les Corbières, comme l'aigle de Bonelli,

Crave à bec rouge. *Photo N. V.*

le crave à bec rouge ou encore le grand corbeau. Aujourd'hui, la principale menace de ce biotope reste l'incendie, aux conséquences catastrophiques et souvent irrémédiables.

Capitelle. *Photo PAT Lézignan.*

Anémone pulsatille. Photo N.V.

L'énergie éolienne

L'Aude constitue le deuxième gisement le plus venté d'Europe après l'Ecosse. Les premières éoliennes, ou aérogénérateurs, ont été implantées sur le littoral, à Port-la-Nouvelle, dès 1991. Depuis plus de dix ans, treize parcs ont vu le jour dans le département et produisent près de 60 % de cette énergie en France. Au cours des prochaines années, l'énergie éolienne devrait développer une puissance dix fois supérieure à celle produite actuellement, avec des implantations prévues non seulement sur terre mais également en mer, notamment au large des côtes de Port-la-Nouvelle ou Gruissan. Dans ce pays où les silhouettes des moulins à vent font partie intégrante du paysage, les éoliennes constituent un élément incontournable du patrimoine industriel contemporain de l'Aude.

Éoliennes à Fitou. *Photo P. DA./CDT 11.*

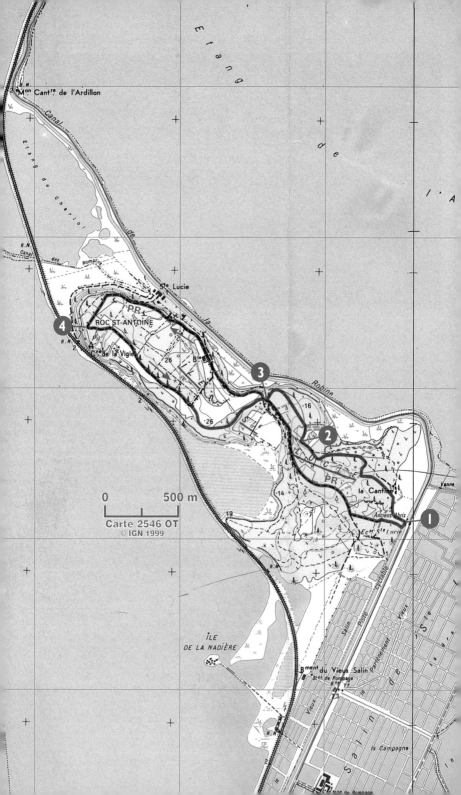

L'île Sainte-Lucie

2 h
6 km

25 m
2,5 m

Situation Port-la-Nouvelle, à 28 km au Sud de Narbonne par la N 9 et la N 139

Parking dernier parking le long du canal

Balisage jaune

Petit gravelot.
Dessin P.R.

Entre mer, étangs et canal, cette petite promenade, accessible à tous, se déroule à travers une végétation méditerranéenne parfaitement préservée.

❶ Traverser l'écluse Sainte-Lucie. Suivre le large chemin vers le roc Saint-Antoine, prendre à droite direction « La Cantine, voie Ornières, roc Saint-Antoine ». Continuer sur la piste pour passer près d'une maison abandonnée : la Cantine. Suivre le chemin principal à travers les pins en ignorant les départs latéraux.

❷ Quitter la piste, et en prendre une autre à droite sur 100 m environ. Au carrefour, poursuivre à gauche en légère montée (en bout de crête, panorama sur les étangs et le canal de la Robine). Retrouver le chemin principal au carrefour de « voie Ornières ».

❸ Prendre à droite le long de la crête, en direction de la Bergerie. A la Bergerie, laisser à droite le chemin qui rejoint le domaine de Sainte-Lucie, pour prendre, à gauche en légère montée, la direction du roc Saint-Antoine. La piste, longeant toujours la crête, oblique à gauche.

❹ Après le roc Saint-Antoine (belvédère), amorcer le retour en direction de la Vigie. Suivre le chemin principal et revenir au carrefour de « voie Ornières ».

❺ Prendre légèrement à droite une piste qui passe devant les anciennes carrières, et revenir à l'écluse Sainte-Lucie.

Ne pas oublier

À voir

En chemin

■ canal de la Robine ■ vue sur la mer et les étangs

Dans la région

■ Narbonne : abbaye de Fontfroide 12e-17e
■ Sigean : réserve africaine, oppidum de Pech-Maho
■ Portel-des-Corbières : Notre-Dame-des-Oubiels, parc éolien, Terra Vinea
■ Etang de Bages et de Sigean

Le Conservatoire du Littoral

Le littoral est un espace fragile, convoité mais aussi particulièrement soumis à la pression humaine et ses conséquences : urbanisation, fréquentation, pollution, etc. Le Conservatoire du littoral, établissement public administratif créé en 1975, mène une politique foncière visant à la protection définitive des espaces naturels et des paysages des rivages. Les sites acquis sont ensuite confiés en gestion à des collectivités locales, puis restaurés et ouverts au public.

En Languedoc-Roussillon, le Conservatoire protège aujourd'hui plus de 8 000 hectares qui représentent 57 sites, parmi lesquels les îles de Planasse, l'Aute, Sainte-Lucie, les domaines du Grand-Castelou, de Tournebelle, du Grand-Mandirac, de La Saline, etc. Ces espaces de liberté, entre ciel et mer, sont ouverts au public et constituent des biens inaliénables qui seront transmis aux générations futures. Sur les sites du Conservatoire du littoral, le camping, les feux, les véhicules à moteur et la cueillette des plantes sont interdits.

Salière à Guissan. Photo P.DA./CDT 11.

Le Parc naturel régional
de la Narbonnaise en Méditerranée

Étang de Bages. *Photo C.C./CDT 11.*

S' étendant sur 20 communes, du massif de la Clape, au nord, jusqu'au plateau de Leucate, au sud, le territoire du Parc présente un profil contrasté mêlant l'aride et l'humide. Des vastes étendues lagunaires des étangs de Bages-Sigean jusqu'aux rocailleuses garrigues des Corbières, les visiteurs peuvent contempler des paysages surprenants et différents. Les capitelles et murets de pierre sèche nous rappellent la présence de l'homme, et c'est au cœur des villages environnants que l'on retrouve la chaleur de la culture occitane.

C'est pour protéger ces espaces aux paysages remarquables, riches d'une faune et d'une flore rares, mais également pour mettre en valeur ce formidable patrimoine que le Parc naturel régional a vu le jour. Et quelle meilleure découverte qu'en flânant sur les sentiers ? Plus de 200 km de circuits balisés permettent ainsi aux visiteurs de découvrir, à leur vitesse, ce qui fait de la Narbonnaise un territoire unique et attachant.

Vous retrouverez sur le territoire du Parc :

- Des sentiers en plusieurs étapes : le GRP® du Golfe Antique (boucle de 75 km autour de l'étang de Bages-Sigean) relié à la première étape du Sentier Cathare qui va de Port-la-Nouvelle à Durban-Corbières.

- Des boucles de randonnée dans pratiquement toutes les communes du Parc.

- Les Circuits du Patrimoine du Parc : équipés de panneaux d'interprétation, ils permettent de comprendre le patrimoine tout au long du parcours, (deux de ces circuits sont présentés dans cet ouvrage, « La boucle de l'anguille » à Bages et « la boucle de Moussan).

Le Parc naturel régional de la Narbonnaise en Méditerranée fédère un réseau d'animateurs Nature et Patrimoine qui propose tout au long de l'année des balades accompagnées permettant de comprendre l'environnement du territoire.

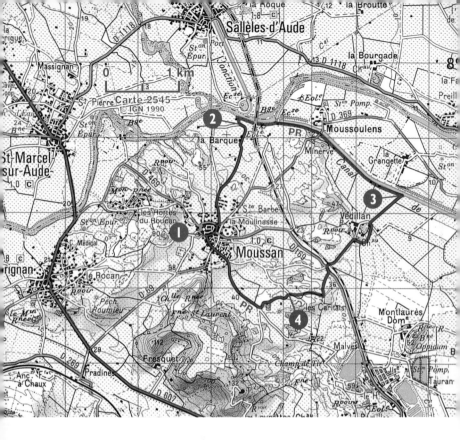

Le canal de la Robine

La Robine de Narbonne est un ancien bras de l'Aude, abandonné par le fleuve depuis longtemps. En 1688, face à l'importance commerciale prise par le Canal du Midi, des travaux sont engagés afin de modifier le lit de la Robine pour lui permettre de relier ainsi Narbonne au Canal du Midi. La première étape consiste en l'édification de l'épanchoir de Gailhousty, afin d'assécher l'étang de Capestang. Deux écluses permirent de rejoindre le lit actuel de l'Aude. Mais entre l'Aude et le Canal du Midi, il fallut attendre 1787 pour que le canal de jonction soit construit. Il suit un tracé très rectiligne, bordé sur toute

Le port de Homps. *Photo P.DA./CDT 11.*

sa longueur de pins parasols qui lui confèrent une esthétique particulière. Le canal de la Robine, qui lui fait suite, traverse des espaces bien différents. Après Narbonne, puis les étangs de Bages-Sigean, il longe l'île Sainte-Lucie pour déboucher dans la Méditerranée à Port-la-Nouvelle.

La boucle de Moussan

Une agréable et paisible randonnée, à la découverte du riche patrimoine hydraulique de Moussan.

3 h
9 km

58 m
9 m

Situation Moussan, à 8 km au Nord de Narbonne par les D 607 et D 169

 Parking salle des Fêtes

Balisage jaune

Aloses.
Dessin P.R.

 Ne pas oublier

❶ Depuis la salle des Fêtes, prendre la D 369 en direction de Cuxac-d'Aude. Tourner à gauche rue des Lavoirs. Continuer en longeant le lotissement. Sortir du village toujours sur la même route.

❷ Après un virage en angle droit à gauche, peu avant la berge, quitter la route pour emprunter un chemin de vigne à droite. Longer l'Aude à droite pour passer sous le pont. Atteindre l'écluse de Moussoulens et suivre la berge du canal de la Robine. Passer le pont de Moussoulens, la maison de Minerve, deux cabanes agricoles. Trouver le départ d'un chemin goudronné à droite.

❸ Quitter la berge pour emprunter ce chemin en direction du domaine de Vedillan. Le contourner par la gauche. Puis prendre une route à gauche, devant l'entrée du domaine *(vue sur l'oppidum de Montlaurès)*. Atteindre la D 169. Prendre à gauche, puis tourner à droite juste après le pont sur une large piste. Monter vers une maison à travers les vignes. Juste avant la maison, prendre à droite vers la ligne électrique. Rejoindre une autre piste, la suivre à droite jusqu'à la route goudronnée.

❹ Prendre à gauche sur un chemin goudronné pour rejoindre la route de Moussan. Suivre la route à droite. Revenir au départ par la rue de la Montée, et l'avenue de la Mairie.

 À voir

 En chemin

■ vieux village de Moussan ■ berges de l'Aude ■ canal de la Robine ■ écluse de Moussoulens

Dans la région

■ Sallèles-d'Aude : Amphoralis, musée des potiers gallo-romains ■ Ginestas : Le Somail, Canal du Midi ■ Ouveillan : ancienne grange cistercienne de Fontcalvy 13e ■ Fontfroide : abbaye 12e-17e

La pêche à l'anguille

L' étang de Bages constitue un site d'exception dont l'histoire est intimement liée à celle des pêcheurs d'anguilles. Ils pratiquent encore aujourd'hui une pêche artisanale avec la betou, une barque motorisée à fond plat. Chaque hiver, les alevins quittent la Floride pour venir grandir dans les étangs languedociens. La pêche se déroule à l'automne, lorsque les poissons repartent pour leur migration. Elle s'effectue essentiellement à l'aide de filets à petites mailles, appelés trabacs. Les français boudent injustement l'anguille, c'est pourquoi la quasi totalité de la production est expédiée vivante vers l'Italie. Mais dans le pays, on apprécie toujours la bourride, ragoût que l'on déguste mijoté, avec ail, oignon, tomate, persil et ventrêche.

Bages. *Photo P.DA./CDT 11.*

La boucle de l'anguille

Un circuit de découverte du village de Bages et de son étang à travers une de ses activités emblématiques : la pêche à l'anguille.

1 h
2 km
28 m
1 m

Situation Bages, à 7 km au Sud de Narbonne par les N 9 et D 105

Parking en bas du village

Balisage
panneaux sur le thème de la pêche à l'anguille

Anguille.
Dessin P.R.

Ne pas oublier

❶ De la place de Juin-1907, prendre la rue du Cadran-Solaire, tourner à la première à droite, puis à gauche, rue de la Vigne. Au bas de la rue des Pêcheurs, prendre la rue Saint-Pierre. Monter jusqu'au carrefour de l'impasse du Portanel *(point de vue sur l'étang)*, puis descendre par l'escalier des Remendaires. Traverser la route et rejoindre le bord de l'étang.

❷ Prendre à droite. Suivre la berge de l'étang et les pontons jusqu'au débouché du bois de pins.

❸ S'engager sur la route à droite, puis à gauche, rue de la Couquène. En haut tourner à gauche rue de l'Ancien-Puits. A la bascule publique, prendre à droite la rue de la Couronde en montant jusqu'à la poste.

❹ Tourner à droite rue de l'Aire. Au bout de la rue, descendre par un escalier pour rejoindre la rue de l'Ancien-Puits. La suivre à gauche et la quitter rapidement par un petit passage couvert à droite en descente pour rejoindre la place de Juin-1907 par le chemin des Bugadières.

À voir

En chemin

■ église de Bages ■ bords de l'étang

Dans la région

■ Sigean : réserve africaine et oppidum de Pech-Maho ■ Fontfroide : abbaye 12e-17e ■ Portel-des-Corbières : site éolien, Terra Vinea, Notre-Dame-des-Oubiels 14e ■ Gruissan : village circulaire et tour Barberousse 13e

LES SENTIERS DE GRANDE RANDONNÉE®

DANS LA RÉGION

GR® Sentiers
de Grande
Randonnée

GR 34	GR ou GR de Pays (GRP) publié. Les couleurs utilisées permettent de différencier les ouvrages référencés.
GR 347	GR ou GR de Pays non publié.
716	Référence des ouvrages GR et GR de Pays.
D045	Référence des ouvrages PR.
F008	Référence des ouvrages "à pied en famille"
480	Ouvrage à paraître (cadre en tirets).

Randonner
quelques JOURS

Partir entre amis, en famille sur les sentiers balisés à la recherche des plus beaux paysages de France.

Les topo-guides des sentiers de Grande Randonnée® de la Fédération Française de la Randonnée Pédestre sont indispensables pour bien choisir sa randonnée.

Ces guides vous feront découvrir la faune, la flore, les sites naturels merveilleux, un vrai régal pour les yeux.

*Marcher, rien de tel
pour se refaire une santé.*

100 GUIDES
pour découvrir tous les GR® de France !

Où que vous soyez, où que vous alliez en France, vous trouverez un sentier qui vous fera découvrir d'extraordinaires paysages. Les topo-guides de la Fédération guideront vos pas vers ces lieux purs, naturels et revivifiants.

RandoCarte

Découvrez
tous les avantages
de la RandoCarte
pour randonner
en toute sécurité et
soutenir l'action de
milliers de bénévoles
qui aménagent et
protègent les chemins.

AVEC LA FFRandonnée

Partez d'un Bon Pas !

Une Assurance adaptée

Une Assistance 24h/24

Des Services personnalisés
réservés aux adhérents

De nombreux Avantages

Pour en savoir plus
et recevoir une
documentation détaillée :

Centre d'information
01 44 89 93 93
(du lundi au samedi entre 10h et 18h)

ou consulter
notre site Internet :

Fédération Française
de la Randonnée Pédestre
14, rue Riquet - 75019 Paris
Tél. 01 44 89 93 93
Fax 01 40 35 85 67

www.ffrandonnee.fr

BIBLIOGRAPHIE

CONNAISSANCE DE L'AUDE, PAYS CATHARE

- Morand J., *Le Canal du Midi et Pierre Paul Riquet*, éd. Edisud
- Bergasse J.D. et Adgé M., *Le Canal du Midi*, Guides Historia Tallandier
- Brenon A., *Le vrai visage du catharisme*, éd. Loubatières, 2004
- Roquebert M., *Histoire des cathares*, coll. Tempus, éd. Perrin, 2001
- Gouzy N., *Le Pays Cathare*, éd. Lumières du Sud
- Dieltiens D., *Châteaux et Forteresses en Pays Cathare*, éd. Loubatières
- Brenon A., *Les cathares. Pauvres du Christ ou Apôtres de Satan?*, coll. Découvertes, éd. Gallimard, 1997
- Hancke G., *Les Belles Hérétiques. Etre noble, femme et cathare*, L'Hydre éditions, 2002
- Peytavie C. /CEC, *Les cathares en Languedoc. Les carnets Midi Libre*, éd. Romain Pagès, 2004
- Roquebert M., *Saint Dominique*, éd. Perrin, 2003

FAUNE ET FLORE

- Sterry P., *Toute la nature méditerranéenne*, éd. Delachaux & Niestlé.
- Collectif : *Guide de la flore méditerranéenne*, éd. Delachaux & Niestlé.
- Collectif : *Monde méditerranéen, un éco-guide pour faire des découvertes en promenade*, éd. Nathan.
- Dendaletche Cl., *Les Pyrénées : la vie sauvage en montagne et celle des hommes*, éd. Delachaux & Niestlé.
- Claustres J. et Lemoine P., *Connaître la flore des Pyrénées*, éd. Sud-Ouest.
- Peterson J., *Guide des oiseaux d'Europe*, éd. Delachaux & Niestlé.
- Harrant H. et Jarry D., *Guide du naturaliste dans le Midi de la France*, éd. Delachaux & Niestlé.

OUVRAGES GÉNÉRAUX

- *Le Guide Vert Languedoc Roussillon,* éd. du Voyage
- *Le Guide Bleu Languedoc Roussillon*, éd. Collectif Hachette
- Le Pays Cathare, Guides MSM
- *Le Petit Futé – Carcassonne Aude Pays Cathare*, M. Adgé, Nouvelles Editions de l'Université
- *Aude Pays Cathare*, Guides Gallimard

SUR LA RANDONNÉE

- *Le Sentier Cathare*, Rando Editions
- *Les Sentiers d'Emilie en Pays Cathare*, Homps-Vailhé D., Pérès G., Valcke B., Rando Editions
- *Randonnées en Pays Cathare*, Jolfre J., Rando Editions
- *Le Chemin du Piémont Pyrénéen vers Saint-Jacques-de-Compostelle*, Veron J. et G., Rando Editions
- *Les plus belles balades dans l'Aude*, éd. du Pélican
- *Balades à pied et à VTT - Montagne Noire*, éd. Chamina
- *Circuits pédestres n° 62 - n° 77*, Guides Franck
- *Traversée du Haut-Languedoc*, éd. Fédération française de la randonnée pédestre
- *Le Pays d'Axat ...à pied*, éd. Fédération française de la randonnée pédestre

Pour connaître la liste des autres topo-guides de la Fédération sur la région, se reporter au catalogue disponible au Centre d'information de la Fédération (voir " Où s'adresser ? ").

CARTES

- Cartes IGN au 1 : 25 000 n° 2245O, 2245E, 2246O, 2246E, 2247OT, 2248ET, 2345O, 2345E, 2346O, 2346E, 2347OT, 2445O, 2445E, 2446O, 2446E, 2447OT, 2546OT, 2547OT.
- Cartes au 1 : 50 000 n° 9 Montségur Pyrénées Audoises, et n° 10 Canigou, Rando Editions.
- Cartes Michelin au 1 : 200 000 n° 82, 83 et 86.

REALISATION

La création des circuits et la réalisation de ce topo-guide ont mobilisé de nombreux partenaires.

Le balisage et l'entretien des balades est assuré par les collectivités locales (Conseil Général, communes, intercommunalités), les Syndicats intercommunaux et les associations.

La description des itinéraires a été réalisée par Antoine Glory, Lucien Marquillo et David Maso.

Le texte « Découvrir l'Aude » a été écrit par Claude Marti. L'encadré sur le Catharisme a été rédigé par David Maso.

Les textes thématiques de découverte qui accompagnent les itinéraires ont été écrits par : Antoine Glory, Lucien Marquillo, David et Maria Maso, Vincent Sabadie, Véronique Meaux, Françoise Lauret-Plattret, Emmanuelle Braun et l'association « Histoires Buissonnières ».

Les photographies sont de P. Davy/Comité départemental de tourisme de l'Aude (P.DA./CDT 11), J.-P. Garcin/Comité départemental de tourisme de l'Aude (J.-P.G./CDT 11), C. Courrière/Comité départemental de tourisme de l'Aude (C.C./CDT 11), Fr. Orel (F.O./CDT 11), Mairie de Limousis (M.L.), Grotte de Limousis (G.L.), Crown Blue Line (C.B.L.), ADATEL, Parc Naturel Régional de la Narbonnaise (PNRN), Conseil Général de l'Aude (CG 11), Dominique Gengembre (D.G.) et Eliane Pech (E.P.).

Les illustrations sont de Nathalie Locoste (N.L.), Pascal Robin (P.R.) et Nicolas Vincent (N.V.).

Montage du projet, direction des collections et des éditions : Dominique Gengembre. Production éditoriale : Isabelle Lethiec. Secrétariat d'édition : Philippe Lambert, Marie Décamps. Cartographie : Olivier Cariot, Frédéric Luc. Mise en page : Nicolas Vincent et Jérôme Bazin. Suivi de fabrication : Jérôme Bazin, Clémence Lemaire, Elodie Gesnel. Lecture et corrections : Marie-France Hélaers, Brigitte Arnaud, Brigitte Bourrelier, Anne-Marie Minvielle et Gérard Peter.

Création maquette : Florelle Bouteilley, Isabelle Bardini - Marie Villarem, Fédération Française de la Randonnée Pédestre. Les pictogrammes et l'illustration du balisage ont été réalisés par Christophe Deconinck, exceptés les pictogrammes de jumelles, gourde et lampe de poche qui sont de Nathalie Locoste.

Cette opération a été financée par le Conseil Général de l'Aude et le Comité Départemental du Tourisme de l'Aude.

Pour découvrir
la France à *pied*®

*Vous venez de découvrir un topo-guide
de la collection "Promenade et Randonnée". Mais savez-vous
qu'il y en a plus de 200, répartis dans toute la France, à travers...*

Une région   Un parc naturel

Un pays   Un département

Pour choisir le topo-guide de votre région ou celui de votre prochaine destination vacances,
demandez le catalogue gratuit de toute la collection au
Centre d'Information de la Fédération Française de la Randonnée Pédestre,
14, rue Riquet - 75019 Paris - tél. : 01 44 89 93 93

INDEX DES NOMS DE LIEUX

Compogravure : MCP, Orléans

Imprimé en France par Loire Offset Plus, Saint-Etienne